UNIVERSITÉ DE PARIS — FACULTÉ DE DROIT

DE LA

PROTECTION DES ENFANTS

DU PREMIER AGE

THÈSE POUR LE DOCTORAT

L'acte public sur les matières ci-après sera soutenu le jeudi 31 mai 1900, à 10 heures.

PAR

Bertrand DREYER-DUFER

Rédacteur à la Préfecture de Police

Président : M. R. SALEILLES, *professeur.*

Suffragants : MM. LE POITTEVIN, *professeur.*
BERTHELÉMY, *professeur.*

PARIS

JOUVE ET BOYER

IMPRIMEURS

15, rue Racine, 15

1900

THÈSE

POUR

LE DOCTORAT

La Faculté n'entend donner aucune approbation ni improbation aux opinions émises dans les thèses ; ces opinions doivent être considérées comme propres à leurs auteurs.

UNIVERSITÉ DE PARIS — FACULTÉ DE DROIT

DE LA

PROTECTION DES ENFANTS DU PREMIER AGE

THÈSE POUR LE DOCTORAT

L'acte public sur les matières ci-après sera soutenu le jeudi 31 mai 1900, à 10 heures.

PAR

Bertrand DREYER-DUFER
Rédacteur à la Préfecture de Police

Président : M. R. SALEILLES, *professeur.*
Suffragants : MM. LE POITTEVIN, *professeur.*
BERTHELÉMY, *professeur.*

PARIS
JOUVE ET BOYER
IMPRIMEURS
15, rue Racine, 15
1900

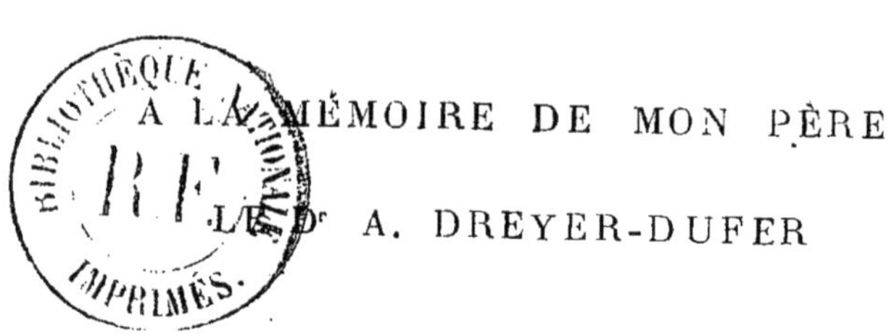

A LA MÉMOIRE DE MON PÈRE

LE Dr A. DREYER-DUFER

A MA MÈRE

DE LA

PROTECTION DES ENFANTS DU PREMIER AGE

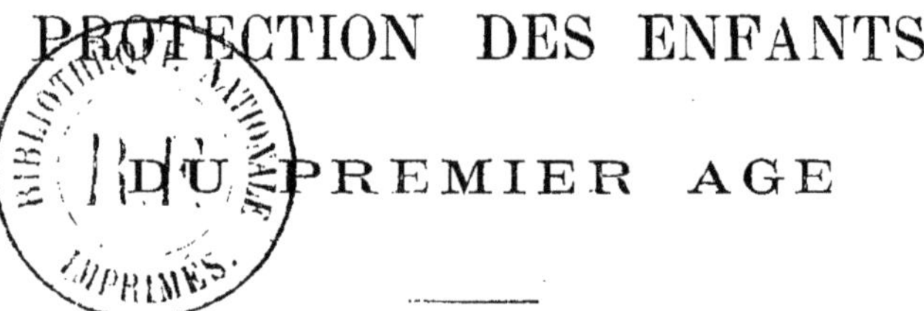

INTRODUCTION

Parmi les questions qui ont le plus passionné notre époque, qui ont préoccupé l'opinion publique et mérité l'attention du législateur, des jurisconsultes et des philanthropes, il en est une qui, malgré les efforts de plusieurs siècles, n'a pu encore atteindre son parfait développement. Nous voulons parler de la protection de l'enfance.

L'enfant qui, dans la société antique, pouvait être vendu comme un esclave, qui était regardé comme une chose, est, dans la société moderne, devenu une personne que la loi protège.

L'article 203 du Code civil dit que les parents contractent ensemble, par le fait seul du mariage, l'obligation de nourrir, entretenir et élever leurs enfants.

L'enfant est protégé contre l'avortement (art. 317 Code

pénal) ; contre l'infanticide (art. 300, Code pénal) ; contre les crimes relatifs à son état civil (art. 345, Code pénal) ; l'enfant est encore défendu par la loi contre un délit dont l'histoire et l'expérience de tous les jours révèlent la fréquence ; en effet, les articles 349 et suivants du Code pénal frappent de peines correctionnelles ceux qui auront exposé et délaissé en un lieu solitaire un enfant au-dessous de l'âge de 7 ans accomplis.

Après s'être occupé avec tant de sollicitude et de précaution des dangers que pourrait rencontrer l'enfant à sa naissance, l'Etat, poursuivant son rôle protecteur, cherche, par tous les moyens, à procurer au nouveau-né de bonnes conditions d'existence.

C'est dans ce but que la loi du 23 décembre 1874, pour prévenir la mortalité des enfants du premier âge privés de l'allaitement maternel, a soumis à une surveillance rigoureuse les nourrices et généralement toutes les femmes qui se chargent, moyennant salaire, des jeunes enfants auxquels elles s'obligent en quelque sorte à tenir lieu de mère.

Notre intention est d'envisager la question de protection des enfants du premier âge en tant que ces enfants sont mis en nourrice, en garde, ou confiés aux crèches.

Le chapitre premier traitera la législation antérieure à la loi Roussel ; l'étude de la législation actuelle fera l'objet du chapitre II. Dans le chapitre III nous développerons quelques points spéciaux, notamment les difficultés auxquelles peut donner lieu l'interprétation de la loi et les critiques que son application a suscitées.

La première partie se terminera par un chapitre concernant les sociétés qui ont pour but de protéger l'enfance et par l'étude de la législation protectrice à l'étranger.

A côté de l'enfant nourri et élevé par une étrangère sous les yeux ou loin de la mère, il ne faut pas omettre l'enfant nourri par sa mère mais confié à une crèche pendant les heures de travail.

L'étude des crèches formera la deuxième partie de notre thèse.

Tel est le plan que nous avons adopté.

PREMIÈRE PARTIE

CHAPITRE PREMIER

Nécessité de la protection des enfants en bas âge. — Des différents modes d'allaitement. — Antiquité ; Moyen-Age. — I. Réglementation de l'industrie nourricière antérieurement à 1800. — Les recommandaresses, meneurs et meneuses. — Ordonnance du Roi Jean (1350) ; lettres patentes de 1655. — Déclarations royales de 1715, 1727. — Ordonnances et sentences de police. — Déclaration de 1769. — II. Réglementation moderne. — La Direction Municipale des nourrices. — Arrêté du 29 Germinal an IX. — Apparition des bureaux de nourrices. — Ordonnances de police de 1828 et 1842. — Suppression de la Direction Municipale (1876). — Comment on fut amené à élaborer la loi de 1874. — Pétitions, mémoires ; discussions à l'Académie de médecine. — Enquête de 1869. — Après 1870 le docteur Roussel reprend l'étude du projet de loi ajournée par les évènements.

La protection des enfants en bas âge est une nécessité sociale. Comment ne pas apercevoir en effet que l'évolution des nations et de l'humanité est subordonnée au développement de ces frêles existences ? Si le grain ne germe pas, que deviendra la moisson ? Les progrès de chaque peuple sont liés aux progrès de sa population. Dès le xve siècle le Parlement de Paris disait à Louis XI dans des remontrances célèbres : « la gloire du roi est dans la multitude du peuple ». Vauban pensait : « la grandeur des rois se mesure au nombre de leurs sujets », et

Frédéric le Grand répéta plus tard : « cet axiome est certain que le nombre des peuples fait la richesse de l'Etat ».

De nos jours, encore plus qu'au XVIIIe siècle, la force ne va pas sans le nombre et le signe certain de la prospérité d'un pays est l'accroissement normal et régulier de ses habitants.

Or en France, le mouvement d'accroissement de la population se ralentit de plus en plus et est inférieur à celui des peuples qui nous entourent. Il y a deux siècles, notre pays représentait près du tiers de la population européenne ; il n'en représente plus aujourd'hui que le 10e.

Depuis 1789, l'Angleterre s'est accrue de 12 à 36 millions d'habitants ; l'Allemagne de 20 à 48 millions et notre France de 26 à 38 millions seulement ; du second rang qu'elle occupait en Europe, elle est tombée au quatrième.

En dehors de la puissance militaire, il y a aussi à considérer notre puissance économique et intellectuelle ; plus la population d'un pays est dense, plus il s'y produit d'intelligences supérieures. Les enfants constituent donc la vraie richesse et la seule force vitale d'une nation.

Le ralentissement du mouvement ascensionnel de notre population est dû à la diminution de la natalité, à la mortinatalité et à la mortalité des enfants du premier âge. Il ne naît pas assez d'enfants chez nous, il en meurt trop.

Il y a 30 ans à peine, le quart des nouveau-nés n'atteignait pas l'âge d'un an. Cette mortalité excessive des enfants du premier âge devait attirer la sollicitude des pouvoirs publics ; les mesures de protection s'imposaient en présence du grand nombre d'enfants en bas âge qui payaient un large tribut à la mort.

Quel fléau décimait donc ainsi le premier âge de la vie? Ce fléau, c'était principalement l'industrie nourricière ; ce n'est en effet pas d'aujourd'hui que date cette habitude si française de mettre les enfants en nourrice.

L'enfant, jusqu'à ce que ses dents aient percé, ne peut se nourrir que de lait. Il le prend au sein de sa mère, d'une nourrice, d'une chèvre ou de tout autre animal domestique, ou bien ce lait lui est présenté dans un vase (un biberon par ex.).

Seul l'allaitement par la mère fut pratiqué dans l'antiquité ; c'est ainsi que les choses se passaient chez les Egyptiens et les Hébreux.

L'allaitement des enfants par les animaux semble avoir été connu de tout temps ; à défaut du sein maternel, les anciens donnaient directement aux enfants le pis des animaux. Nous savons comment Jupiter fut nourri par la chèvre Amalthée, comment une louve offrit ses mamelles à Romulus et Rémus, comment une chienne nourrit Cambyse, mais de pareils faits ne sortent pas du domaine mythologique.

Il est certain que les femelles de plusieurs espèces domestiques, surtout la chèvre, ont rendu et rendent dans différents pays d'importants services comme nourrices d'hommes.

Chez les peuples nomades et chez ceux où la civilisation a peu transformé les habitudes primitives, l'allaitement maternel est toujours en honneur ; car, remarque curieuse, c'est au moment où un peuple avance de plus en plus vers la civilisation que nous voyons les mères se décharger des obligations que leur impose leur maternité et confier à des étrangers celui qui vient de leur sang et qui aurait droit aussi à leur lait.

Dans la Bible il est fait mention de nourrices lorsqu'il s'agit notamment de princes et de personnages riches.

Les républiques anciennes avaient fait de l'allaitement par la mère une prescription légale.

Chez les Grecs, déjà du temps d'Homère, on confiait les enfants aux nourrices, mais ces femmes ne devaient leur donner que les soins matériels. Chez les Athéniens, d'après Démosthène, une femme était notée d'infamie pour allaiter l'enfant d'une autre, à moins d'y être obligée par une pauvreté extrême.

A Sparte, les lois de Lycurgue obligeaient les femmes à nourrir leurs enfants. Peu à peu tous ces usages tombèrent en désuétude et aux soins matériels les nourrices ajoutèrent leur lait.

A Rome, dans les premiers siècles, les nourrices étaient presque inconnues. A l'époque d'Auguste, les Patriciennes achetaient une esclave venant d'accoucher; quant aux Plébéiennes, elles se contentaient de louer une nourrice. Sur le *Forum Olitorium*, près de la *colonne lactaire*, se tenaient les femmes qui faisaient commerce de leur lait. César a pu dire que de son temps, on voyait plus souvent des femmes avec des perroquets ou des chiens qu'avec des enfants sur les bras.

En Orient, la femme du peuple allaite ou donne le biberon ; les riches ont des nourrices ; le Coran autorise cette pratique et s'exprime ainsi : « Femmes, la loi de Dieu

« vous conseille d'allaiter vos enfants pendant 2 ans « entiers; si vous vous dispensez d'allaiter, Dieu n'en « sera point offensé pourvu que vous soyez exactes à « payer à la nourrice son juste salaire ».

Plutarque a dit : « La nature même nous montre que « les mères sont tenues d'allaiter et nourrir elles-mêmes « ce qu'elles ont enfanté ; car, à cette fin elle a donné à « toute sorte de bête qui fait des petits la nourriture du « lait ».

En France, jusqu'au Moyen Age, les mères ont presque toujours tenu à donner à leur enfant leur propre lait. Mais, petit à petit, l'allaitement mercenaire devint partout la mode des Cours, à ce point que, dans la longue liste des successeurs de Hugues Capet le fils de Blanche de Castille paraît seul avoir été nourri du lait de sa mère.

Lors de la Renaissance la pratique de l'allaitement maternel disparut peu à peu dans la bourgeoisie de notre pays.

Jean-Jacques Rousseau, le grand réformateur de l'éducation, adversaire acharné de l'allaitement mercenaire, s'efforça de rappeler les mères à leur devoir. « L'enfant, « disait-il, a-t-il moins besoin des soins d'une mère que de « sa mamelle ? D'autres femmes, les bêtes même, peuvent « lui donner le lait qu'elle lui refuse ; la sollicitude ma- « ternelle ne se supplée point... Il faudra que l'habitude « change de nature et l'enfant mal soigné aura le temps « de périr cent fois avant que sa nourrice ait pris pour « lui une tendresse de mère ». (*Emile* T. I).

Ce fut peine perdue, les habitudes ne se transformèrent pas.

De nos jours l'allaitement mercenaire se pratique sous deux formes : La première, qui constitue l'industrie des nourrices sur lieu, est surtout à l'usage des classes riches et,comme elle s'exerce au domicile des parents du nourrisson, on a coutume de la considérer comme la moins fâcheuse ; mais, on a coutume aussi d'oublier le sort réservé à l'enfant que la nourrice a délaissé pour vendre son lait. Il y a là un oubli injuste.

L'allaitement mercenaire est surtout dangereux lorsqu'il constitue l'industrie des nourrices de campagne ou nourrices à emporter. Ce sont les développements considérables pris de nos jours par cette industrie, qui ont ému l'opinion publique et motivé ces plaintes répétées sur l'affaiblissement de l'esprit de famille et du sentiment maternel.

Il reste un fait acquis, c'est que l'allaitement maternel est le type d'alimentation qui donne les meilleurs résultats.

Le premier devoir d'une mère est d'allaiter elle-même son enfant. Malheureusement ce principe est obligé de fléchir, soit devant des impossibilités matérielles (mort prématurée, santé insuffisante de la mère, nécessités professionnelles), soit le plus souvent devant des difficultés morales dont les principales sont la mauvaise volonté des mères. Peu de femmes riches en effet, acceptent de s'astreindre aux fonctions de nourrices ; elles n'ont pas le courage de faire à leur enfant le sacrifice de leurs plaisirs et, se payant de sophismes, confient le nouveau-né à une nourrice mercenaire. Le lait de la mère appartient à l'enfant ; c'est une loi de la nature à laquelle la femme civilisée seule se soustrait.

Que l'allaitement artificiel soit pratiqué par la mère quand une raison de santé l'empêche de nourrir et qu'elle ne peut se procurer une nourrice au sein, rien n'est plus excusable, d'ailleurs sa qualité de mère assure à l'enfant des attentions et des soins qu'une nourrice sèche ne prendra pas. Mais, si elle est capable d'allaiter, c'est à son enfant qu'elle doit son sein jusqu'à l'âge où il peut s'en passer sans danger.

En résumé quand l'enfant est allaité par sa mère et reçoit ses soins, le législateur n'a pas à intervenir; seul, le médecin, au nom de l'hygiène, peut blâmer certains usages et employer son autorité pour éclairer la bonne volonté ignorante de la mère. Mais si l'enfant est livré à « l'industrie nourricière » puisque cette singulière alliance de mots est admise, il est exposé à toutes sortes de dangers.

En conséquence la prévoyance du législateur est obligée d'intervenir pour protéger les enfants du premier âge.

§ I. — *Réglementation antérieure à* 1800.

L'industrie nourricière a déjà, il y a plusieurs siècles, attiré pour la première fois l'attention de la puissance publique. Il ne faut pas croire en effet que le louage des nourrices et le placement des nourrissons à la campagne aient jusqu'à nos jours été considérés comme une industrie libre. Loin de là. Les documents sont nombreux. Tous les efforts de l'autorité publique ont tendu, au contraire, à assimiler le louage des nourrices à un service public, dans lequel l'expérience a révélé de plus en plus la nécessité d'une sévère réglementation et surtout d'une surveillance attentive.

Les habitants de Paris ayant depuis de longues années l'habitude de confier leurs jeunes enfants à des nourrices venues de la campagne pour s'offrir à eux, des intermédiaires étaient nécessaires pour mettre en rapport les parties intéressées, jusque-là inconnues les unes aux autres. Ce furent des femmes qui, sous le nom de « *Recommandaresses* », s'offrirent pour remplir cet office ; elles logeaient les nourrices et les *recommandaient* aux familles qui avaient de jeunes enfants à leur donner.

Nous trouvons pour la première fois le mot « recommandaresse » dans les fragments d'un titre de 1284 (reproduit dans le *traité de la police* de Delamarre) concernant le prieuré de St-Eloi, dans lequel il est fait mention d'une « rue ou village des recommandaresses ».

Ces recommandaresses n'étaient évidemment autre chose que ce que sont aujourd'hui les logeuses qui tiennent bureau de placement pour les domestiques.

Déjà en plein moyen âge, les inconvénients et les dangers de livrer un nourrisson à une femme qui devait lui faire partager avec un autre enfant son lait et ses soins avaient dicté au roi Jean le Bon son ordonnance portant la date du 30 janvier 1350 qui est le premier acte officiel de réglementation de l'industrie nourricière.

Cette ordonnance qui crée une Direction de nourrices confiée à 4 recommandaresses, fixe à 100 sols l'an le salaire des nourrices nourrissant les enfants hors de la maison du père ; prononce une peine pécuniaire contre la nourrice qui n'achève pas de nourrir l'enfant dont elle s'est chargée et la peine du pilori contre toute recommandaresse qui confierait plus d'un enfant par an à la même nourrice.

Le roi Jean créa, dit-on, cet établissement des 4 recommandaresses en faveur des 4 filles de sa nourrice (1). Les nourrices étaient alors amenées à Paris chez les recommandaresses (comme elles le sont encore aujourd'hui dans les bureaux particuliers), par des meneurs ou des meneuses, qui vraisemblablement, employaient les mêmes procédés qu'aujourd'hui pour les recruter. Ces industriels sont en quelque sorte des racoleurs de nourrices.

L'industrie des recommandaresses ne pouvait manquer d'être limitée et réglementée, comme l'étaient à cette époque tout commerce et toute industrie. Cependant rien ne nous est resté des actes de l'autorité publique, en ce qui concerne celle-ci pendant les trois siècles qui s'écoulèrent après l'ordonnance de 1350.

Divers arrêts du Parlement de 1611 défendent aux meneurs de conduire les nourrices ailleurs qu'au bureau des recommandaresses ; et aux sages-femmes et aubergistes de recevoir, retirer, ni louer les nourrices.

La réglementation de leur privilège, ébauchée dans l'ordonnance de 1350 ne pouvait pas parer aux abus que facilitait la concurrence des recommandaresses entre elles; aussi des lettres-patentes de Louis XIII, datées du 4 février 1615, tentèrent-elles d'y porter remède, d'abord en limitant à quatre le nombre des bureaux privilégiés, ensuite en multipliant les moyens de contrôle sous forme de déclarations et de certificats à exiger des nourrices,

1. Hurtaut-Magny. *Dictionnaire historique de la ville de Paris*

en même temps que des parents des nourrissons.

Ces lettres visant dans leur préambule quelques ordonnances dont nous n'avons pas le texte, confirment dans tous les droits et privilèges qui leur avaient été accordés les quatre « recommandaresses jurées des servantes et « nourrices de la ville de Paris » et font défense à toute autre personne de se mêler de procurer des nourrices.

Des lettres-patentes de Louis XIV du 6 décembre 1655 contiennent les mêmes dispositions.

Quelques arrêts du Parlement et une disposition réglementaire de la chambre criminelle du Châtelet (17 août 1685) obligent les femmes de la campagne à se munir d'un certificat du curé de leur paroisse constatant leur état, moralité et religion.

C'est le premier règlement de police que nous voyons, pris dans l'intérêt des familles qui confient ainsi leurs enfants à des inconnues. Nous allons les voir maintenant se succéder à de plus courts intervalles.

La déclaration royale du 29 janvier 1715 porte qu'il y a lieu de réformer l'ancien usage qui, sans autre titre que la possession, avait attribué au lieutenant criminel du Châtelet la connaissance de ce qui concerne les fonctions de recommandaresses et qu'il convient d'attribuer à la police une inspection qui relève bien plus logiquement de la juridiction du lieutenant général de police que de celle du lieutenant criminel du Châtelet.

Nous trouvons dans cette déclaration un de ces modèles de réglementation publique dont on peut dire que le cadre seul a vieilli.

Aux termes de cet acte, il est interdit à toute autre

personne de s'entremettre dans l'office des recommandaresses et d'en augmenter le nombre.

Les recommandaresses doivent tenir un registre paraphé par le lieutenant général de police ; ce registre doit reproduire pour chaque nourrice les indications contenues dans un certificat délivré à cette femme par le curé de sa paroisse (nom, âge, pays et paroisse de la nourrice ; profession du mari ; âge de l'enfant dont la nourrice est accouchée ; existence ou décès de cet enfant).

Le registre relate également les nom et âge du nourrisson placé ; les nom, demeure et profession des parents.

Sous le nom de « *certificat de renvoi* », copie de ces derniers renseignements est remise à la nourrice pour être déposée entre les mains du curé. Celui-ci délivre une attestation qui, par l'entremise du lieutenant général de police, parvient aux recommandaresses pour être jointe au premier certificat du curé.

Interdiction est faite aux meneuses de conduire les nourrices ailleurs qu'à l'un des 4 bureaux de recommandaresses ; aux nourrices d'avoir deux nourrissons en même temps. Sous peine de fouet les nourrices doivent prévenir les parents des empêchements qui ne leur permettraient plus de continuer à nourrir et les aviser, le cas échéant, du décès de l'enfant.

Au cas de non paiement elles s'adressent au lieutenant général de police qui fait régler les mois échus ou permet de renvoyer les nourrissons. Le même lieutenant général condamne les parents qui sont en retard pour le paiement du salaire des nourrices.

Remarquons ici que dans aucune de ces ordonnances,

lettres-patentes ou déclarations du roi ,il n'est question de la mortalité infantile, quoique l'attention ait été attirée à cette époque sur cette mortalité par un arrêt rendu à Toulouse le dernier jour de février 1566, condamnant une nourrice « pour avoir par sa faute et négligence suffoqué « un enfant qui lui avait été baillé à nourrir. »

Les sages prescriptions des déclarations ci-dessus se trouvent renouvelées et développées dans la déclaration du roi Louis XV donnée à Versailles le 1er mars 1727.

Elle fixe le délai de quinzaine pour l'envoi aux familles, en cas de mort, des certificats de décès des enfants ; elle impose aux meneurs et meneuses de nourrices un certificat du curé de leur paroisse, comme aux nourrices elles-mêmes ; — elle ordonne l'inscription du contenu des certificats sur un registre tenu par les recommandaresses ; — elle défend à toute personne ne remplissant pas ces conditions d'exercer la profession de meneur ou meneuse ; — elle impose aux meneurs et meneuses le registre particulier que la police exige encore d'eux aujourd'hui. En cas de mort des enfants en chemin, elle orordonne d'en faire la déclaration sur le champ au premier juge ou curé du plus prochain village qui leur en donnera un certificat.

Interdiction est faite aux nourrices grosses de prendre des enfants pour les allaiter ; aux nourrices, meneurs et meneuses, d'abandonner ou d'exposer les enfants qui leur sont confiés. Les meneurs et meneuses sont chargés de toucher le salaire des nourrices ; « ils reçoivent des « parents ainsi qu'il est d'usage un sol par livre ».

Injonction est faite aux parents de payer exactement

chaque mois les frais de nourriture et aux nourrices, meneurs et meneuses de ne laisser amasser ou accumuler plus de 3 mois de salaire.

Les 4 recommandaresses sont tenues de faire bourse commune entre elles des droits qui leur seront payés, à raison de 30 sols pour chaque nourrisson.

Une déclaration de juillet 1729 complétait la précédente.

Le 19 juin 1737, la Cour du Parlement rend un arrêt duquel il résulte que les condamnations prononcées par le lieutenant général de police de Paris, contre les pères, mères ou autres, qui auront mis des enfants en nourrice, pourront être exécutées par la capture des condamnés dans les maisons.

L'ordonnance de police du 13 février 1740 défend aux nourrices de la campagne qui se chargeront d'enfants aux bureaux des recommandaresses de partir de Paris sans être munies du « certificat de renvoi » dont il est question dans la déclaration du 29 janvier 1715.

Cette ordonnance prouve que les prescriptions relatives aux certificats étaient souvent mal observées ; que les nourrices des campagnes venaient sans certificat des curés prendre des nourrissons aux bureaux des recommandaresses et que les meneurs et meneuses continuaient à ne point remettre aux curés des paroisses les certificats de renvoi délivrés par les recommandaresses, ce qui mettait les curés non seulement dans l'impossibilité de connaître les parents des nourrissons pour les informer du bon ou du mauvais état de ces enfants, mais les empêchait, quand ils venaient à mourir dans leur paroisse de remplir convenablement leurs registres mortuaires.

Pour obvier à cet inconvénient, la nouvelle ordonnance ajoutait aux prescriptions antérieures l'ordre aux meneurs et meneuses, à peine de 60 livres d'amende, d'apporter à leur retour, dans la quinzaine, au bureau de la recommandaresse, une attestation des curés de la remise à eux faite des certificats de renvoi.

Une autre ordonnance de police du 23 juin 1747 renouvelle la défense tant aux nourrices de la campagne qu'aux meneurs et meneuses de se charger d'enfants sevrés, ailleurs que dans les bureaux de recommandaresses.

Une nouvelle ordonnance du 15 juillet de la même année rappelle aux nourrices les prescriptions des déclarations royales de 1715 et 1727.

Une ordonnance de police en date du 9 mai 1749 étend l'obligation des certificats « aux nourrices de la campa-
« gne qui viendront prendre à Paris des nourrissons dans
« les maisons des bourgeois, lorsqu'elles en seront re-
« quises par les père et mère des enfants, sans se pré-
« senter au bureau des recommandaresses. »

Défense leur était faite, à peine de 50 livres d'amende, de se charger desdits enfants et de partir de Paris sans être munies d'un certificat des père et mère des enfants analogue aux certificats de renvoi donnés par les bureaux de recommandaresses.

Le 1er juin 1756 une sentence rendue en la Chambre de police du Châtelet de Paris fait défense à toutes nourrices de mettre coucher à côté d'elles et dans leur même lit, les nourrissons dont elles sont chargées, à peine de 100 livres d'amende pour la première fois et de punition exemplaire en cas de récidive.

La sentence enjoint d'autre part aux nourrices de mettre coucher les nourrissons dans des berceaux ou petites couchettes, placés à côté de leur lit. Le certificat délivré par les curés aux nourrices qui viennent au bureau des recommandaresses devra indiquer si ces femmes ont chez elles un berceau ou couchette.

Il est fait défense aux recommandaresses de procurer des nourrissons aux nourrices dont le certificat ne portera pas cette mention. Il est enjoint aux meneurs et meneuses de faire des visites chez les nourrices pour connaître celles qui pourraient être en contravention à cet égard, et d'en informer aussitôt le Procureur du roi.

Une sentence de police du 17 janvier 1757 oblige les nourrices, en cas de grossesse, d'en donner avis au moins dans le 2e mois, aux parents des enfants et renouvelle la défense aux nourrices qui se trouveront grosses de prendre des enfants pour les nourrir et allaiter.

Le 17 décembre 1762, le lieutenant général de police de Sartine, rendit une ordonnance importante qui confirme et développe les dispositions des déclarations royales des 29 janvier 1715 et 1er mars 1727 et des autres règlements intéressant la matière.

En outre, « pour maintenir le bon ordre dans une par- « tie également importante pour la tranquillité des pères « et mères, la sûreté des enfants et le bien de l'État tou- « jours intéressé à leur conservation et à leur éducation », l'ordonnance institue une *visite médicale* à laquelle doivent être soumis dans certains cas, soit les nourrices, soit les nourrissons.

Il est défendu à toute nourrice de se charger d'aucun nourrisson avant que son propre enfant ne soit sevré et *âgé de 7 mois*, à moins qu'il ne soit allaité par une autre nourrice, ce qui doit être établi par un certificat du curé de la paroisse, vicaire ou desservant (1).

L'article 4 de la même ordonnance porte que « toutes « personnes qui se présenteront au bureau des recom- « mandaresses pour y prendre des nourrices, seront te- « nues d'y déposer l'extrait baptistaire des nourrissons ; « défense est faite aux recommandaresses de procurer des « nourrices à ceux qui ne leur auront pas remis le dit ex- « trait baptistaire (2) ».

Le dépôt exigé par cet article avait pour but de prévenir des erreurs de nom qui avaient été constatées et d'assurer l'état des enfants.

Ainsi, l'autorité s'éveille et semble vouloir entrer de plus en plus dans une voie de surveillance rigoureuse sur les jeunes enfants que leurs parents confient à des nourrices étrangères ; mais, nous avons tout lieu de penser que ces prescriptions n'étaient le plus souvent que comminatoires et que l'application en était nulle ou imparfaite ; on manquait de moyens de surveillance, et, en menaçant de peines odieusement sévères, on n'atteignait pas le but.

1. Cet article de l'ordonnance de 1762 a été reproduit à peu près textuellement dans la loi de 1874 (art. 8 § 2).

2. L'article 7 de la loi du 23 décembre 1874 est un souvenir de cet article 4.

Les mœurs du pays étaient déjà bien adoucies, et nous doutons fort qu'il y a un siècle on ait jamais fait réellement subir à une femme la peine du fouet pour avoir fait coucher un nourrisson dans son lit ou pour d'autres délits de même nature.

D'ailleurs, ces règlements n'atteignaient pas suffisamment encore les abus de plus d'une espèce qui se perpétuaient au préjudice des nourrices elles-mêmes. Trompées par les meneurs, mal hébergées, pressurées par les recommandaresses, elles étaient trop souvent frustrées de leur salaire par les parents et ce, malgré le régime draconien que nous avons vu instituer pour les poursuites des débiteurs des mois de nourrice.

Ce qui permet de croire que ces règles restèrent inefficaces, c'est la transformation absolue que reçut le système, pour Paris seul il est vrai, par la déclaration à laquelle nous allons arriver.

Les fonctions de recommandaresses qui en dernier lieu avaient été pour ainsi dire transformées en *offices* dont les titulaires étaient à la nomination de l'autorité, vont être supprimées par la déclaration du roi Louis XV donnée à Compiègne le 24 juillet 1769 et enregistrée au Parlement le 28 du même mois.

A cette date en effet, une modification profonde fut apportée dans tout le système. Jusque-là les recommandaresses avaient servi seulement d'intermédiaires *non responsables* entre les parents et les nourrices, la déclaration de 1769 qui remplaça l'ancienne industrie des recommandaresses par un véritable service administratif, commence une nouvelle période.

Cet acte témoigne qu'on s'était enfin convaincu que là où les moyens d'exécution et de contrôle font défaut, les prescriptions les plus judicieuses demeurent stériles. Déjà auparavant le lieutenant général de Sartine semblait avoir reconnu que tout le système de garantie établi par les ordonnances était miné dans la pratique par l'insuffisance des moyens de surveillance. Il avait tenté de parer à ce défaut en utilisant pour cette surveillance les meneurs et meneuses, dont il avait cherché à mieux réglementer le recrutement et les fonctions. Il avait en conséquence, dans l'ordonnance de 1762, prescrit à ces agents, de veiller avec soin sur les nourrices de leur département, de signaler aux curés les nourrices empêchées d'allaiter et les nourrissons en mauvais état, de ne changer aucun enfant de nourrice sans ordre des parents ou du curé de la nourrice à qui l'enfant avait été confié, etc.

En réalité ces mesures n'ajoutèrent rien aux garanties des familles, mais, comme d'autre part, elles livrèrent le louage des nourrices à la discrétion des meneurs, elles eurent des inconvénients si graves que le roi crut devoir prononcer, par la déclaration de 1769, la suppression des quatre bureaux de recommandaresses et ce à compter du 1er janvier 1770, et l'établissement d'un « Bureau Général des nourrices et recommandaresses pour la ville de Paris », capable de contenir avec ordre et propreté toutes les femmes de campagne qui viendraient y chercher un nourrisson.

A cet essai de transformer l'industrie nourricière en un service public, la déclaration de Compiègne joignit une autre innovation indiquée comme il suit dans l'art. 14 : « il

« sera préposé par le lieutenant général de police un ou « plusieurs inspecteurs de tournée, chargés de se transporter dans tous les endroits où sont placés des nourrissons de Paris, à l'effet d'y visiter lesdits enfants et « d'exécuter tout ce qui leur sera ordonné par le lieutenant général de police ».

Le Bureau Général des nourrices était pourvu de privilèges très étendus pour le recouvrement des sommes dues par les familles dont les chefs avaient à subir l'incarcération en cas de non paiement, et, comme il n'y avait pas à cette époque de non valeurs à admettre, que d'ailleurs par la prison on ne forçait à payer que ceux qui étaient de mauvaise volonté, nous voyons dans les documents du temps la formation de sociétés de bienfaisance faisant appel à la charité publique pour recueillir les sommes nécessaires au paiement des mois de nourrice dûs par des pères de famille incarcérés.

Le louage des nourrices qui, de 1350 à 1769, était une industrie réglementée et surveillée se trouva ébranlée par cette déclaration de 1769, car, à partir de cette dernière date, le soin de louer et surveiller les nourrices devint une branche de l'administration publique, une institution publique.

Si nous nous reportons par la pensée au temps où toutes choses étaient réglementées et faisaient l'objet de privilèges dont la vénalité constituait un des plus importants revenus de l'Etat, nous estimerons que la difficulté de voyager en ce temps, le peu de communications qui existaient entre les diverses provinces de la France et le besoin toujours impérieux pour une partie de la population de confier ses enfants à des nourrices étrangères, avaient fait de la création du Bureau Général une nécessité.

Le préambule de la déclaration de 1769 constate le préjudice éprouvé par les nourrices pour le paiement de leurs salaires, l'insalubrité des locaux dans lesquels elles étaient reçues et les difficultés qu'éprouvaient les parents pour obtenir des nouvelles de leurs enfants.

Le nouveau Bureau Général est géré par deux directeurs et 2 recommandaresses ; les directeurs entretiennent une correspondance avec les nourrices et les familles ; ils font l'avance des mois de nourriture aux nourrices, sauf recours contre les parents.

La perception du salaire des nourrices est retirée aux meneurs ou meneuses et confiée à 22 *préposés* nommés par le lieutenant général de police (il y en a un dans chacun des 20 quartiers de la ville et 2 pour la banlieue et les environs).

Les préposés versent jour par jour aux directeurs du Bureau Général les sommes touchées. Ceux-ci sont garants envers les parents de la gestion des préposés et de celle des meneurs et meneuses. Il est fait allocation aux directeurs de un sol par livre.

Les dispositions réglementaires des actes antérieurs sont confirmées et le privilège exclusif du louage des nourrices, donné par ces actes aux recommandaresses, est attribué au nouveau Bureau Général.

Le 23 juin 1770 une lettre-patente autorise l'ouverture d'un bureau de recommandaresses à St-Germain-en-Laye.

Le 19 novembre 1773 une ordonnance de police concernant les meneurs et les meneuses leur enjoint de se servir de voitures bien conditionnées, avec fond en planches suffisamment garni de paille neuve ; les voitures doivent être bien couvertes avec toile tendue sur cerceaux.

L'ordonnance défend expressément aux meneurs et meneuses de mettre dans leurs voitures aucuns ballots, paquets ou marchandises, autres que les layettes et hardes des nourrissons et ce qui sera nécessaire pour la nourriture des chevaux pendant la route seulement.

Une sentence de police du 17 juin 1776 condamne à 50 livres d'amende plusieurs nourrices qui étaient venues directement prendre des enfants chez des bourgeois, sans avoir demandé à leurs curés des certificats de moralité et sans s'être fait remettre un acte constatant l'état civil des nourrissons.

Mentionnons ici qu'en 1780, Lenoir, lieutenant général de police remit à Marie-Thérèse d'Autriche, de passage à Paris, un rapport sur quelques établissements de la ville de Paris et notamment sur les nourrices.

Le grand nombre et l'importance des actes législatifs ou administratifs qui ont vu le jour entre 1611 et 1776 et ont fourni la matière d'un recueil publié en 1781, sous le titre de *Code des Nourrices* (1), sont le meilleur indice de

1. Sur la demande de la commission instituée en 1869 au Ministère de l'Intérieur, une note in-4° fut publiée par ordre de la Préfecture de Police ; à part la mention sommaire de quelques actes antérieurs à la déclaration du roi de 1715 et des actes postérieurs à la Révolution française, cette note n'est qu'une reproduction abrégée de ce *Code des Nourrices* dont l'Administration de l'Assistance Publique posséderait un exemplaire.

la gravité du mal et de l'impuissance de l'administration à y remédier. Le Code des nourrices fut sans grand effet et bientôt n'eut plus aucune action.

Avec la Révolution les évènements politiques bouleversèrent l'administration municipale de Paris ; mais le service du Bureau des nourrices se réorganise toujours avec le même but : procurer des nourrices à la population de Paris.

Ce service marcha ainsi tant bien que mal ; on le désignait de différentes manières : Bureau municipal, Grand Bureau, Bureau Général ; Direction Générale des Nourrices ; en 1821 le Bureau Général fut transformé et devint la Direction Municipale des nourrices ; on l'appelait même vulgairement Bureau Ste-Apolline.

§ II. — *Réglementation moderne s'étendant du commencement du siècle à la législation actuellement en vigueur.*

La nouvelle organisation municipale qui s'établit avec les premières années de la Révolution et les incertitudes qui résultaient de l'état de trouble et du peu de stabilité des gouvernements qui se succédaient alors, ne pouvait manquer de réagir sur la Direction des nourrices.

La municipalité de Paris prit le 15 messidor an II, un arrêté dont les deux considérants suivants méritent d'être cités :

« Considérant que la Direction Générale des nourrices « ayant été fondée sous la règne de la tyrannie, il a pu s'y « glisser quelques abus et erreurs qu'il est essentiel de « réformer ;

« Considérant enfin que la surveillance de ces bureaux « ne peut être exercée par les administrateurs du Dépar« tement de la police, attendu qu'ils ne sont nullement de « son ressort;

Arrête :

« Que cette Direction sera comme établissement, réunie « au Département des établissements publics; que les ad« ministrateurs du Département feront un examen scru« puleux des travaux et charges attribués à cette Direc« tion pour en écarter tout ce qui serait nuisible à la so« ciété. »

Malgré cet acte administratif, un arrêté des Consuls du 12 messidor an VIII (1er juillet 1800), contient un article 32 ainsi conçu : « Le Préfet de Police fera surveiller le « Bureau des nourrices, les nourrices et les meneurs ».

Cet arrêté maintenait donc la Direction des nourrices dans les attributions de la police, dont elle paraissait même n'être pas sortie; mais, bientôt après, un arrêté des Consuls du 29 Germinal an IX (19 avril 1801), attribuait définitivement le service de la direction du Bureau des nourrices à l'Administration des hôpitaux et établissements de secours de Paris et les raisons opposées à cette décision par le chef de l'administration dépossédée, ne prévalurent pas : « Quand on a, disait le Préfet de Police « Dubois, suivi la marche de l'établissement depuis son « origine, qu'on a vu ses rapports avec l'ancienne police, « qu'on a examiné la nature des pouvoirs accordés aux « diverses autorités centrales de cette ville, on demeure « convaincu que l'administration du Bureau des nourrices « appartient essentiellement à la police administrative,

« puisqu'elle seule peut renouveler les anciennes ordon-« nances de police, les faire exécuter, dénoncer les délits « aux tribunaux et avoir des rapports avec les autorités « extérieures ; qu'il n'y a que l'œil de la police qui puisse « prévenir et réprimer les contraventions que les nourri-« ces et les meneurs sont continuellement intéressés à « introduire dans cette partie de l'administration ; et « qu'enfin cet établissement dirigé par une autorité « qui n'aurait aucun pouvoir répressif, languirait néces-« sairement dans ses mains et serait à chaque instant « entravé dans sa marche ».

Le Conseil Général des hospices répondit par l'organe de Thouret que « si le Bureau des nourrices devait être « attribué à l'une des Préfectures de Paris, c'est par son « essence à celle du département de la Seine qu'il con-« viendrait de la réunir ».

Dans un rapport dû, paraît-il, au même Thouret, l'anti-que dénomination de « recommandaresses » disparaît du cadre officiel du personnel de la Direction dans lequel nous les voyons remplacées par de simples femmes de service.

Comment faut-il apprécier le rôle de la Révolution en ce qui touche à l'industrie nourricière ?

Il semble que la Révolution, par une aversion trop aveugle du passé, fit disparaître de sages précautions prises sous l'ancien régime. « Elle avait pour but appa-« rent, dit le comte de Melun dans son rapport sur la loi « Roussel, l'amélioration morale et matérielle de ce que « l'on appelait alors les classes inférieures. Elle voulut « réformer la société sans se préoccuper des individus

« qui la composaient, et, trop souvent dans sa haine de « l'ancien régime, elle anéantit ce qui, dans les législa- « tions antérieures, avait été la protection et l'appui du « peuple ».

Le décret-loi du 25 mars 1806 ordonna que le recouvrement des mois de nourrice serait fait désormais sur un rôle rendu exécutoire par le préfet du département, avec droit de décerner *contrainte* comme en matière de contributions, mais *sans permettre la prise de corps*, ni la poursuite en répétition de frais.

Le 30 juin de la même année, un décret impérial confirme l'attribution de l'administration du Bureau des nourrices de Paris au Conseil Général des hospices sous l'autorité du Préfet de la Seine ; mais la surveillance extérieure et la correspondance avec les maires des communes habitées par les nourrices étaient réservées au Préfet de Police.

Ainsi organisé le service marcha difficilement jusqu'en 1821 ; il plaçait annuellement de 5 à 6000 enfants, ce qui, pour une population qui ne dépasssait pas alors 520.000 habitants était un chiffre considérable.

A cette époque s'élèvent de nombreuses plaintes : Le choix des nourrices était fait au hasard ; les femmes étaient trop âgées ; le lait trop ancien ; les nourrices étaient souvent atteintes de maladies de peau ; les enfants n'étaient pas visités ; ils ne recevaient pas de soins en cas de maladie ; la mortalité était effrayante ; le transport des enfants ou des nourrices était défectueux ; le recouvrement des salaires mensuels négligé, irrégulier ; les livres des meneurs n'offraient aucune garantie, enfin il y avait un désordre général dans les bureaux de la Direction.

Le Conseil des hospices, comprenant la nécessité de réorganiser ce service, décida que des médecins, nommés sur la présentation des préfets, seraient chargés de soigner les enfants en cas de maladie et de faire parvenir tous les mois à la Direction des bulletins sur leur santé; que les meneurs seraient remplacés par des préposés chargés d'envoyer chaque mois des nourrices au Bureau.

C'est à la suite de cette nouvelle réglementation qu'apparaissent *les bureaux de nourrices* qui fonctionnent encore aujourd'hui.

Des établissements particuliers en effet se forment par les soins et avec le concours des anciens meneurs. Ils s'abouchent d'abord avec les sages-femmes qui, moyennant rétribution pour chaque nourrice louée, leur font obtenir des nourrissons.

Les nourrices elles-mêmes se voyant affranchies des prétendues entraves de l'administration, s'y rendent avec empressement, enfin les familles choisissent de préférence cette voie.

En effet, l'administration garantissait aux nourrices leur salaire mensuel, mais elle ne pouvait leur procurer ces nombreux petits avantages, ces *petits cadeaux* que les parents ont coutume de prodiguer aux nourrices qu élèvent leurs enfants.

Il en résulta que l'administration ne pouvait recruter ses nourrices que parmi les femmes dont les familles aisées et les bureaux de placement particuliers dédaignaient les services.

Toutefois ces établissements particuliers, qui s'étaient formés sans autorisation et qui n'étaient soumis à aucune surveillance administrative, engendrèrent de nombreux abus.

La principale cause du succès croissant de ces bureaux particuliers résidait dans la liberté sans frein et dans le défaut de surveillance des opérations de ces bureaux.

La plupart des nourrices venaient y prendre des nourrissons sans être munies d'un certificat attestant leur moralité et leur aptitude à nourrir, quelques unes étaient atteintes de maladies susceptibles de compromettre la santé et même la vie des nourrissons ; d'autre part on confiait quelquefois aux nourrices les enfants malades ; la même éleveuse se chargeait de plusieurs enfants à la fois ; les nourrices négligeaient à leur départ de Paris de se munir des pièces d'état civil concernant les enfants ; les voitures dont on se servait pour le transport des nourrices et nourrissons étaient incommodes et souvent si encombrées que les nourrices étaient obligées de faire à pied une partie du chemin.

En résumé, les meneurs, messagers, logeurs et aubergistes, qui s'occupaient du placement des nourrices ne présentaient pas de garanties suffisantes ; aussi de graves plaintes s'élevèrent-elles et le Conseil Général des hospices, impuissant à faire cesser les abus, dut-il s'adresser au Préfet de Police resté jusque-là parfaitement étranger au louage des nourrices depuis que la direction de cette industrie avait été retirée de ses attributions.

Ce fonctionnaire crut enfin trouver dans les abus auxquels se livraient les bureaux une occasion de récupérer une partie des attributions perdues et de faire rentrer les bureaux particuliers dans son domaine, et le 9 août 1828, le Préfet de Police, M. Debelleyme, rendit en vertu de l'art. 32 de l'arrêté du 12 Messidor an VIII, une ordonnance pour mettre fin à cet état de choses en fixant les conditions à remplir, tant par les nourrices que par les personnes qui s'entremettaient pour leur procurer des nourrissons.

Aux termes de cette ordonnance : Toute nourrice de la campagne venant à Paris ou dans la banlieue pour s'y procurer un nourrisson est tenue de se présenter à la Préfecture de Police où elle est inscrite sur la production d'un certificat du maire de sa commune attestant qu'elle possède des moyens d'existence suffisants, qu'elle est de bonne vie et mœurs, qu'elle n'a pas actuellement de nourrisson et que l'âge de son dernier enfant permet qu'elle en prenne un ; enfin, qu'elle est pourvue d'un garde-feu et d'un berceau.

Dans aucun cas une nourrice ne peut se charger de deux enfants à la fois ; elle doit se munir de l'acte de naissance de l'enfant avant son départ pour le lieu de sa résidence.

Défense est faite aux meneurs, meneuses, aubergistes, logeurs, etc..., de procurer des nourrissons à des nourrices non enregistrées à la Préfecture de Police ; aux meneurs et meneuses d'emporter les enfants nouveau-nés sans qu'ils soient accompagnés de leurs nourrices.

Malgré cette ordonnance, le mal résultant de l'inefficacité de la surveillance des bureaux de nourrices, du trafic des meneurs et meneuses chargés de leur recruter des nourrices et de transporter les nourrissons, continua à devenir de plus en plus terrible par suite du développement considérable de l'industrie nourricière.

En présence de cette calamité, une ordonnance de police abrogeant et remplaçant la précédente, et édictant des mesures sévères contre les établissements de cette nature et contre les intermédiaires, fut rendue le 20 juin 1842 par M. Gabriel Delessert, alors Préfet de Police.

Cette nouvelle ordonnance reproduisit et compléta en 17 articles les meilleures prescriptions édictées sous l'ancien régime sur les nourrices, les directeurs des bureaux, les logeurs, meneurs et meneuses de nourrices.

Sous l'empire de cette ordonnance, qui ne concernait que les nourrissons du département de la Seine, et qui a régi la matière jusqu'au vote de la loi de 1874, une amélioration peu marquée se produisit dans cette branche industrielle parisienne.

L'ordonnance de 1842 consacrait pour la seconde fois l'existence des bureaux particuliers.

Un décret en date du 17 juin 1852 abrogea l'article 4 du décret de 1806 qui exigeait que les poursuites pour frais de mois de nourrice fussent opérées sans frais.

La Direction des nourrices avait fait, de son côté, des tentatives pour ramener les familles à elle. Ainsi, elle éleva de 12 à 20 fr. le taux de garantie des mois de nourrice ; elle alla même jusqu'à allouer des primes aux sages-femmes qui amenaient des enfants à la Direction.

Une commission mixte s'était réunie en 1829 et avait été d'avis, à la presque unanimité, que le Bureau des nourrices n'était que la continuation de l'ancien Bureau des recommandaresses ; qu'il était resté légalement en jouissance du privilège dont ce dernier avait été investi et qu'il suffisait pour le faire revivre, de remettre en vigueur les anciennes ordonnances des rois de France en combinant leurs dispositions avec celles des lois et décrets impériaux rendus en 1806.

En 1824 le chiffre des enfants placés annuellement en nourrice était tombé de 6000 à 3200 et tendait à se réduire encore ; en 1831 le Bureau Municipal ne plaçait plus que 940 enfants ; en 1856 le chiffre des placements s'élève à 2201 pour retomber à 1517 en 1861.

La Direction Municipale voyait donc chaque jour décroître son importance. Peu à peu la clientèle arriva à ne plus se recruter que parmi les familles pauvres qui ne tardaient pas à cesser de payer la nourrice. Les paiements restaient à la charge du bureau qui devenait ainsi un *bureau de secours* dans lequel on accordait, au lieu d'argent, des nourrices aux mères pauvres ; aussi, à mesure que diminuait le nombre des placements qu'il opérait, le chiffre de ses charges augmentait-il dans une proportion plus large encore.

Préoccupée désormais bien moins d'étendre ses secours sur la population parisienne que d'enlever aux non-paiements des familles pauvres le caractère d'une banqueroute administrative, elle avait fini par recourir aux expédients les plus fâcheux, tels que la substitution à ses placements directs de bons de secours pour un ou deux mois de nourrice, bons plus particulièrement destinés aux enfants des pauvres et des filles-mères et au moyen desquels ces enfants étaient portés par leurs parents aux bureaux particuliers de placement.

Aussi, dès 1866, le directeur du Bureau, M. Husson, déclarait-il que « le Bureau Municipal était un instrument « usé, ne pouvant plus fonctionner pour le bien ».

Le 2 mars 1872, un vœu fut émis, au conseil municipal de Paris, pour interdire à l'administration ce renvoi de certaines classes de nourrissons aux bureaux particuliers et son adoption fut en quelque sorte l'arrêt de mort de la Direction Municipale.

L'auteur du vœu, M. Clémenceau, demanda au secrétaire général de la Seine s'il ne conviendrait pas de supprimer cet établissement. Le fonctionnaire ainsi interrogé était précisément celui qui avait proposé lui-même cette suppression en 1866, M. Husson. Sa réponse prouva qu'il n'avait pas changé d'opinion. Toutefois, ne perdant pas de vue les intérêts multiples engagés dans cette question, il avait soin d'ajouter que cette mesure devait être précédée par une loi « qui instituerait, disait-il, d'une « manière générale, des garanties analogues à celles que « présente la Direction Municipale des nourrices ».

La suppression fut prononcée purement et simplement par le décret du 22 novembre 1876, aggravant ainsi la situation des nourrices et la loi demandée comme condition préalable n'est pas intervenue (1).

Que doit-on penser de ce que l'on peut appeler l'ancienne législation de l'industrie nourricière ?

1. Nous reconnaissons, en effet, que l'art. 14 de la loi de 1874 n'a pas établi les garanties réclamées par M. Husson.

Cette législation avait deux défauts, sans parler des dispositions surannées et des pénalités excessives :

1° Les actes dont elle se compose n'avaient qu'un caractère local ; inspirés par les besoins de la population parisienne, ils ne visaient pas à étendre leurs bienfaits au delà du ressort du Parlement de Paris et de la juridiction effective du lieutenant général de police auquel l'exécution était confiée.

2° Puis les moyens d'exécution n'ont jamais été en rapport avec l'importance du but proposé. On était trop enclin à attendre de l'intimidation et de la menace de peines corporelles, l'efficacité d'action que peuvent seuls produire un contrôle exact et une surveillance aussi étendue que les abus à réprimer.

Sous ce double rapport il est impossible de méconnaître l'insuffisance de l'œuvre de l'ancien régime.

Lors de la Révolution française les anciennes sources de législation ont tari en quelque sorte, sans être suffisamment remplacées par les arrêtés du Gouvernement du 12 Messidor an VIII et du 8 Brumaire an IX, par le décret du 30 juin 1806 et par l'application des art. 319, 320 et 484 du Code pénal qui, avec l'ordonnance de police du 26 juin 1842 ont constitué la législation de l'industrie nourricière jusqu'en 1874.

Pour le reste, (nous devons rendre cette justice au passé) les règlements mis en vigueur de notre temps et le travail législatif commencé en 1869 et achevé par la promulgation de la loi du 23 décembre 1874 (dont nous allons parler sous peu) n'ont eu le plus souvent qu'à la prendre pour modèle.

Ainsi que cela ressort de l'étude des textes passés en revue, aucune disposition ayant un but d'intérêt général ne fut édictée durant toute la royauté au sujet de l'enfance en bas âge.

Et cependant, malgré les mesures prises en faveur de l'enfant la mortalité du premier âge continuait d'être énorme, effrayante ; « la dîme mortuaire, selon la forte ex- « pression de M. Bertillon, se prélevait toujours d'une « façon désolante ».

Reportons-nous un siècle en arrière et voyons ce qu'était la mortalité infantile avant 1789.

Il résulte d'un rapport du Ministre de l'Intérieur Lainé, présenté au roi en 1818, qu'à l'aurore de la Révolution française il mourait environ 91 enfants de moins de 2 ans sur cent.

En 1815, la mortalité s'abaisse à 75 0/0.

En 1824, Benoiston de Châteauneuf indique le chiffre de 60 0/0.

Le tableau suivant prouve les progrès de la mortalité des enfants au dessous d'un an de 1840 à 1860 :

Périodes	Naissances (1)	Décès	Décès 0/0
1840-1844	4.850.010	772.384	15.9
1845-1849	4.776.258	767.827	16 0
1850-1854	4.750.898	761.476	16.0
1855-1859	4.782.400	878.144	18.3

En 1862, Husson évalue la mortalité à 55 0/0 ; de 1862 à 1870, le Dr Bertillon accuse la proportion de 36 0/0.

Le mal avait été constaté depuis longtemps.

1. Non compris les mort-nés.

Rappelons ici qu'en 1846, M. Firmin Marbeau, le créateur des crèches, adressait aux membres de la Chambre des Députés une pétition dans laquelle il rappelait le mémoire qu'il avait lu à l'Académie des Sciences morales et politiques sur la nécessité de surveiller les nourrices « il « s'agit d'enfants de la classe moyenne, de la classe la- « borieuse, d'enfants que leurs parents auraient pu bien « élever, dont ils auraient formé d'utiles citoyens. L'in- « curie sociale en fait des victimes ».

Pour le nourrisson qu'il appelle « orphelin temporaire », il demande le livret, afin que la même femme ne puisse se procurer plusieurs enfants, l'inspection par des personnes choisies par le maire ou le curé, et le juge de paix pour sanctionner les délits. « Quand on veut avoir « de beaux arbres, on soigne le semis et le taillis », dit-il en terminant sa pétition.

Cette pétition fut l'objet d'un rapport de M. Boistel, lu dans la séance de la Chambre des Députés du 27 juillet 1847 et fut renvoyée au Ministre de l'Intérieur avec invitation de prendre les mesures nécessaires pour résoudre les grandes questions d'intérêt social qui lui étaient signalées.

Il semble qu'aucune suite ne fut donnée à ce rapport.

Pendant les 10 années qui suivirent cette pétition, l'attention publique ne fut plus attirée sur ce fait si grave de l'excessive mortalité des enfants envoyés en nourrice.

Il faut arriver à 1858 pour trouver une communication faite à l'Académie de médecine de Paris par le Dr Bertillon qui signale la mortalité des enfants du premier âge.

Enfin au mois d'octobre 1865, un médecin de campagne qui, depuis de longues années se livrait personnellement à l'étude des enfants nourris dans son pays, M. Monot du canton de Montsauche (Nièvre), envoyait à cette même Académie une note terrifiante sur l'industrie des nourrices telle qu'elle se pratiquait depuis 1850 dans le Morvan, et démontrait que la mortalité des enfants de un jour à un an s'élevait à la proportion monstrueuse de 70 0/0.

Cette note fit sensation par la précision des faits et la modération du langage et provoqua sur le champ une enquête qui révéla des détails navrants.

Déjà en 1861 le Dr Monot avait adressé au Préfet de la Nièvre un rapport qui, transmis au gouvernement, fut le point de départ d'un important mémoire couronné par l'Académie de médecine et qui a paru en 1867 sous le titre « de *l'industrie des nourrices et la mortalité des petits* « *enfants.* »

Nous ne pouvons pas passer sous silence les différents écrits publiés par MM. Monot et Brochard, tous 2 médecins, pour attirer l'attention publique sur la mortalité excessive des enfants du premier âge qui était mal connue, car on se faisait de dangereuses illusions sur ce fléau ; ils y signalèrent les effets désastreux de l'industrie nourricière ; ils comptèrent les victimes dans les cantons de Montsauche et de Nogent-le-Rotrou (Eure-et-Loir), énumérèrent les ruses, les crimes des meneurs, des nourrices, des parents. Les faits étaient palpables, visibles, authentiques.

M. Monot suit les nourrices jusque dans les établissements connus sous le nom de bureaux de nourrices « où « elles présentent toujours, dit-il, comme échantillon de

« leur lait des nourrissons frais et dodus. Ne croyez « pas, ajoute ce praticien, que celle qui aurait un en- « fant maladif le présenterait, elle trouve moyen de s'en « procurer un irréprochable. Une voisine lui prête le sien « moyennant salaire. Il arrive souvent que le même en- « fant fait le voyage de Paris 2 et même 3 fois ; le prix « de la location varie entre 30 et 40 francs. Si une femme « accouche d'un enfant mort-né, elle ne se place pas « moins avec l'aide d'un enfant de louage. »

Dans son mémoire sur la mortalité des nourrissons en France le Dr Brochard nous a tracé des tableaux on ne peut plus attristants, de ce qui se passait dans le Perche pour les nourrissons parisiens.

Il nous les montre pleurant, criant, grelottant, couchés pêle-mêle sur la paille et entassés dans des voitures qui les amenaient dans la capitale.

Malgré la neige, un meneur les colportait ainsi, le jour, la nuit, dans les hameaux, dans les villages voisins, chez leurs nourrices respectives ; les enfants étaient parfois entassés dans une hotte, dans un bissac ou dans des paniers que portait un âne. Le meneur accomplissait ainsi des trajets fort longs sans souvent donner la moindre nourriture aux petits êtres. On comprend dans quel état ils devaient arriver à destination et quelles tortures ils enduraient.

Le même auteur dans un opuscule sur l'allaitement maternel, énumérant des faits analogues à ceux rapportés par le docteur Monot, cite ces paroles d'un maire : « Je « sais bien que tous ces enfants sont voués à la mort ; « mais que voulez-vous, c'est le bien-être de ma commu-

« ne ; ces femmes n'ont pas d'autres moyens d'existence, « et sans les nourrissons elles tomberaient à la charge « du bureau de bienfaisance. Après tout, ajoutait-il, en « riant, il y aura toujours des Parisiens ! »

Il faut lire cette *Monographie de la nourrice voyageuse*, brillante de santé et de force, qui venait prendre un enfant dans une grande ville, demandait en raison de sa vigoureuse jeunesse un salaire plus élevé, et, à peine de retour au pays, confiait le nourrisson à une vieille femme destinée à l'élever au biberon, et recommençait ensuite ses fructueux voyages de compte à demi avec le bureau particulier qui l'employait ; et ce *portrait de la meneuse* : « C'est d'ordinaire, dit le docteur Monot, « une femme rusée, pleine d'astuce, de finesse, possédant « l'art de dissimuler sa cupidité repoussante sous les « apparences les plus trompeuses ».

« Une fois arrivées dans leur village, les entremet- « teuses après avoir gardé chez elles les enfants 10, 15, « 20 jours dans le but de bénéficier de tout ce laps de « temps.... les cèdent enfin lorsqu'ils sont étiolés par une « mauvaise alimentation, l'encombrement, un séjour trop « prolongé dans un berceau infect. Ils sont délivrés à « celles des voisines qui demandent la contribution la plus « faible ou offrent la prime la plus élevée. »

Enfin, pour terminer ces citations déjà bien longues, voici ce que disait en 1873 le Dr Brochard dans un de ses écrits : « Il y a 20 ans je rencontrais à chaque ins- « tant sur les routes du Perche, de longues voitures dans « lesquelles étaient entassés, comme des animaux reve- « nant du marché, nourrices et nourrissons revenant de

« Paris... Quel sort était réservé à ces pauvres enfants ?
« Il est facile à deviner. La voiture du meneur dans le « Perche s'appelle le *purgatoire ;* cela veut dire que « tous les enfants qui en sortent vont dans le ciel, c'est-« à-dire qu'ils meurent... Que de fois il m'est arrivé sur « ces mêmes routes, d'entendre la cloche d'un village « tinter un glas funèbre ! Que de fois on m'a dit, ce n'est « rien... c'est un petit Parisien (1) qui est mort !

«... Que de fois, entendant un cri plaintif s'échapper « d'une chaumière, j'ai demandé s'il y avait là un enfant « malade ; ce n'est rien me répondait une nourrice, c'est « mon petit Parisien qui crie... la mort le tourmente ! Le « malheureux n'avait pas d'autre oraison funèbre ».

— « Au commencement de ma pratique, écrivait au « Dr Brochard un médecin de Savoie, les nouveau-nés « étaient colportés d'Albens (Savoie) à Alby (Haute-Savoie) « au nombre de 3 ou 4 dans une même hotte par un « messager qui allait de commune en commune les offrir « à qui en voulait... Quand les mignonnes créatures pleu-« raient, le colporteur élevait et abaissait alternativement « les épaules pour les secouer *comme des noix dans un* « *panier* ; c'était de cette manière qu'il les berçait. « Quand les cris devenaient plus forts, il s'asseyait au « bord des chemins pour leur donner à sucer, à tour de « rôle, une fiole de lait qu'il portait dans sa poche... Les « pauvres petits arrivaient à destination morts ou mou-« rants. On faisait le triage, on déclarait les décès, la « sépulture avait lieu et tout était dit ! »

1. On désignait aussi les nourrissons parisiens dans les pays à nourrices sous le nom de « Petits Bourgeois » ou « Petits Paris ».

Ces tableaux ont assurément des traits trop forts et nous les croyons exagérés.

A la même époque le Dr F. Boudet déclarait devant l'Académie de médecine que la France perdait tous les ans par sa faute 120.000 enfants du premier âge.

Un rapport du Dr Blot, transmis à la même Académie par le Ministre de l'Instruction publique a été dans la séance du 16 septembre 1866 le point de départ de discussions très importantes.

Dès leur début l'Académie décida de mettre ce grave sujet avec tous ses développements à son ordre du jour et de l'y maintenir jusqu'à ce qu'il en résultât une étude assez complète pour provoquer une enquête administrative et finalement démontrer la nécessité de recourir à des moyens législatifs ; 34 séances furent pendant les années 1866, 1867, 1869 et 1870 consacrées à cette tâche. MM. Blot, Husson, Boudet, Bertillon et maint autres, apportèrent dans ce grave débat leurs lumières et leur expérience ; on connut alors toute l'étendue du mal.

L'Académie reconnut qu'il fallait attribuer les causes de la mortalité effroyable qui sévissait sur le premier âge et dont les effets pouvaient être atténués par la loi :

I. — Au défaut de surveillance des établissements connus sous le nom de bureaux de nourrices ;

II. — Au manque d'une loi sur l'industrie nourricière et surtout à l'absence de toute inspection médicale et administrative des enfants placés à la campagne par les bureaux de nourrices ;

III. — Au mode défectueux de transport des enfants à

une époque de la vie où la moindre négligence peut être mortelle ;

IV. — A l'indifférence des mères et à la cupidité des nourrices qui, loin de suppléer par leur sollicitude aux soins maternels dont sont privés les petits êtres qui leur sont confiés, n'y voient qu'une occasion de lucre dont elles cherchent avant tout à tirer parti ;

V. — A la persistance, surtout dans les campagnes, de pratiques vicieuses et de préjugés que l'ignorance entretient sur les soins à donner aux enfants et en particulier sur l'alimentation solide prématurée.

L'Académie de médecine fut d'avis que pour prévenir et combattre cette mortalité inquiétante il fallait :

1° Généraliser dans toute la France la constatation des naissances à domicile ;

2° Rendre plus sérieuse et plus efficace la surveillance administrative des enfants mis en nourrice à la campagne ;

3° Etablir une réglementation de l'industrie nourricière ;

4° Encourager les sociétés protectrices de l'enfance et les comités locaux d'inspection des nourrices ; fonder des récompenses pour les nourrices méritantes ;

5° Punir les faits d'incurie notoire.

En présence des débats et des publications qui avaient donné ainsi une importance et un intérêt si frappants à la question de la mortalité des nourrissons, l'opinion publique s'émut fortement et une sorte de soulèvement de tous les bons sentiments humains finit par mettre en mouvement l'initiative privée et l'esprit d'association. Les pouvoirs publics eux-mêmes durent s'émouvoir malgré l'optimisme qui dominait, sur la fin de l'Empire, dans les sphères officielles.

Aussi, le Ministre de l'Intérieur se rendit-il sans délai aux vœux exprimés par l'Academie de médecine, et, dès le mois de mars 1867, une enquête fut ouverte dans les 10 départements qui recevaient de préférence les nourrissons parisiens.

En même temps que des sociétés protectrices de l'enfance se créaient dans nos principaux centres de population, des commissions officielles préparaient la voie à des mesures législatives. L'enquête porta principalement sur la mortalité des nourrissons et les causes de cette mortalité, sur l'industrie nourricière et les pratiques relatives à l'allaitement et aux soins donnés aux enfants du premier âge.

La commission d'enquête signala un nombre considérable de maisons de sevrage où les règlements étaient aussi impunément violés que les règles les plus élémentaires d'hygiène. L'enquête révéla que la police ignorait jusqu'à l'existence de ces maisons.

L'industrie des nourrices et gardeuses apparut alors sous son véritable jour et ce fut un cri d'indignation d'un bout à l'autre de la France. Partout on réclama une loi protectrice de l'enfance quand on entrevit le tableau navrant de l'hécatombe des petits français, quand le monde étonné eut appris que dans un des plus beaux départements de la France les enfants placés en nourrice mouraient au nombre de 84 à 90 0/0, que partout, si la moyenne était moins effroyable, elle était néanmoins excessive, que dans certaines garderies l'assassinat était comme organisé.

Devant un si terrible bilan de la mortalité infantile il n'y a pas lieu de s'étonner si un médecin philanthrope, le Dr Isarié, a pu dire légitimement que « le mal causé « à l'espèce humaine par le fatal métier des nourrices est « si grand que Malthus lui-même aurait pâli devant l'effet « de ce mal ».

Deux ans après la nomination de la commission d'enquête, le 16 Mars 1869, le Ministre de l'Intérieur, M. Forcade de la Roquette, présentait à l'empereur un rapport sur les résultats de cette enquête « à laquelle, disait-il, le « soin le plus scrupuleux avait présidé pendant 13 « mois ».

Le rapport constatait tout d'abord qu'il n'était tenu compte nulle part des prescriptions édictées par les divers actes législatifs et c'est, ajoutait le ministre, une des lacunes de la situation actuelle et un des points peut-être sur lesquels devra s'exercer avec le plus d'efficacité l'action administrative.

Voici les résultats obtenus dans les 10 départements soumis à l'enquête :

	Mortalité des enfants du pays de 1 jour à 1 an.	Mortalité des nourrissons parisiens de 1 jour à 1 an.
	—	—
Seine et Marne.	19.05 0/0	76.81 0/0
Aisne	21.22	62.87
Orne	16.62	60.96
Eure-et-Loir .	18.44	59.13
Yonne. . . .	17.07	57.73
Somme. . . .	22.58	57.14
Sarthe. . . .	30.27	56.45
Loir-et-Cher. .	18.90	44.28
Loiret. . . .	20.68	42.84
Nièvre. . . .	17.47	30.40

En résumé, l'ensemble du tableau accuse pour les nourrissons de Paris envoyés dans ces 10 départements une mortalité générale de 52.68 0/0, tandis que la mortalité des enfants du pays n'est que de 19.92 0/0.

Il serait impossible de produire un document officiel plus accusateur contre l'industrie nourricière et aussi une plus forte démonstration des avantages de l'allaitement maternel et de la nécessité de surveiller l'allaitement mercenaire.

Les résultats statistiques amenaient le ministre à déclarer « qu'en vertu d'une loi invariable, les enfants con-
« servés et nourris dans les familles, échappent à la plu-
« part des causes de mortalité qui déciment au contraire
« les enfants envoyés en nourrice loin de la surveillance
« et des soins de leurs parents. Cette surveillance n'exis-
« tant pas, il faut qu'une autre s'y substitue. Cela est si
« vrai, ajoutait le ministre, qu'en examinant le relevé de
« l'Assistance Publique, on constate un notable avantage

« en faveur des élèves des hospices. La fixité des salaires « des nourrices et l'inspection des médecins sont assuré- « ment les 2 causes auxquelles doit être attribué ce ré- « sultat. On ne comprendrait pas en effet que des enfants « nés pour la plupart dans des conditions déplorables « puissent apporter à la mortalité un contingent moins fort « que les enfants des familles. »

Le ministre arrivait à cette conclusion « qu'une morta- « lité considérable pèse sur les enfants nouveau-nés et « particulièrement sur ceux de Paris et qu'il y a un inté- « rêt d'humanité en même temps qu'un intérêt public à « s'efforcer de l'atténuer ».

Reconnaissant qu'il n'était plus permis aux pouvoirs publics de se désintéresser dans une pareille question et qu'eux seuls pouvaient aviser à des mesures protectrices d'une application générale, le ministre proposait de demander à des hommes, désignés par leur expérience et leurs travaux pour une semblable mission, les études préparatoires nécessaires pour la confection d'une loi.

Comme sanction de ce rapport un arrêté ministériel du 16 mars 1869 institua une commission laquelle, pénétrée de l'importance des services qu'elle pouvait rendre, se mit immédiatement à l'œuvre et parvint en un an de travail à préparer un projet de loi et un projet de règlement complémentaire embrassant tous les points essentiels de la question de la protection légale des enfants en nourrice.

Ces deux projets allaient être présentés au Corps Législatif, lorsque les événements de 1870 se produisirent.

Tout fut ajourné.

Le souvenir des grandes et belles discussions qui avaient eu lieu à l'Académie de médecine resta heureusement vivace dans un grand et généreux esprit et au lendemain des événements de 1870, le Dr Théophile Roussel, député de la Lozère, (aujourd'hui sénateur de la Lozère et membre de l'Académie de médecine) dès son entrée à l'Assemblée Nationale reprit, à la demande du Dr Félix Boudet, qui avait collaboré à leur élaboration, l'étude des 2 projets qui n'avaient pu être soumis au Corps Législatif en temps utile, les remania et les déposa sur le bureau de l'Assemblée le 24 mars 1873.

Nommé rapporteur de la commission parlementaire chargée d'étudier son projet, le Dr Roussel constatait dans son rapport que dans certaines régions la mortalité des enfants en nourrice atteignait réellement la proportion considérable de 70 à 80 0/0.

Le Dr Roussel eut pour auxiliaires dans sa tâche, ceux qui avaient souci de l'avenir de la patrie et de son relèvement à la suite de nos désastres de 1870.

Les révélations et les plaintes si multipliées des années précédentes sur la mortalité excessive des enfants en bas âge et en particulier des nourrissons, devaient après le dénombrement de la population française en 1872 (1) au lendemain d'un traité qui nous enlevait 1.600.000 âmes, éveiller un intérêt plus vivement senti et jeter de nou-

1. Ce dénombrement avait en effet constaté dans les limites de notre territoire actuel une diminution de 491.000 habitants sur les chiffres du précédent recensement (1866). Jamais la statistique n'avait accusé un recul aussi frappant de notre population. (*Statistique générale de la France*, t. XXI, p. 16).

velles lueurs sur la profondeur de l'abîme dans lequel nous étions tombés.

Ainsi s'explique la faveur unanime avec laquelle les bureaux de l'Assemblée Nationale accueillirent la proposition de loi relative à la protection du premier âge. L'Assemblée y vit, en même temps qu'une question d'humanité, une question d'Etat digne d'un examen sérieux.

La commission étudia avec un soin tout particulier les divers textes qui sous les précédents régimes réglementaient l'industrie nourricière, ainsi que les règlements de police spéciaux à la ville de Paris et s'inspira des précautions dont une longue expérience avait démontré les avantages.

En dehors de quelques modifications de rédaction, sans importance, que certains articles ont reçues entre la deuxième et la troisième délibération, la loi fut votée sans discussion et à l'unanimité de l'Assemblée Nationale et adoptée dans la séance du 23 décembre 1874.

Dans la période comprise entre le moment où les événements de 1870 suspendirent les études de la commission instituée en 1869 et le moment où le Dr Roussel déposa son projet de loi sur le bureau de l'Assemblée Nationale, diverses pétitions avaient renouvelé auprès de cette assemblée la demande précédemment faite au Sénat d'imposer par une loi appuyée d'une sanction pénale, l'obligation de l'allaitement maternel.

Mentionnons ici deux de ces pétitions :

La première fut adressée par le Dr Alexandre Mayer le 8 juin 1871. L'art. I du projet de loi annexé à cette pétition est ainsi conçu :

« L'allaitement maternel est obligatoire, à moins d'em-
« pêchement provenant de l'état de santé de la mère ou
« de l'enfant et dûment constaté par un certificat médi-
« cal ».

Un autre pétitionnaire, M. Grandjean, réclamait : 1° l'allaitement obligatoire au foyer maternel, ou, au moins, la présence obligatoire de l'enfant au foyer maternel ; 2° un impôt de 300 fr. par an sur chaque famille payant ou occupant un loyer annuel de 1000 fr. dont un enfant nouveau-né serait élevé par une nourrice étrangère hors du foyer maternel.

Nous ne devons pas oublier de mentionner ici que dans la seule année 1872, les Conseils Généraux de plusieurs départements avaient émis des vœux touchant les enfants en nourrice ; en voici les plus importants :

a). — Que l'industrie nourricière soit réglementée (département du Cher).

b). — Que la commission sur la mortalité des nouveau-nés instituée en 1869 et dont les travaux ont été interrompus par la guerre soit reconstituée (Loir-et-Cher).

c). — Qu'une loi intervienne pour réglementer l'industrie nourricière (Indre-et-Loire).

d). — Qu'une loi instituant une sévère surveillance administrative et médicale de l'industrie nourricière et édictant des pénalités contre les faits d'incurie notoire qui sont la cause de l'effroyable mortalité des enfants mis en nourrice ou en sevrage soit présentée d'urgence à l'Assemblée Nationale (Seine).

e). — Que l'étude sur la mortalité des nourrissons soit reprise et qu'un projet de loi soit présenté à l'Assemblée

Nationale pour que l'industrie des nourrices soit réglementée et surveillée *comme le sont les industries réputées dangereuses* (Seine-et-Oise).

f). — Qu'une surveillance soit exercée sur le transport des enfants placés en nourrice par les parents non domiciliés dans la contrée, comme des enfants envoyés de Paris en province (Sarthe).

CHAPITRE II

La loi du 23 décembre 1874 dite loi Roussel. — Ce n'est pas une œuvre originale sur une question nouvelle. — Le Règlement d'administration publique du 27 février 1877. — Ordonnance de police du 1er février 1878.

Nous allons aborder maintenant l'étude de la loi du 23 décembre 1874, appelée si justement *loi Roussel*, du nom de son éminent promoteur.

La loi organise une sévère surveillance des nourrices (les « faiseuses d'anges » comme quelques uns se sont plu à les appeler) et édicte les mesures nécessaires pour assurer la santé des jeunes enfants, les conserver sains et vigoureux pour l'avenir et atteindre dans son germe la grande mortalité qui pesait sur eux et menaçait, si elle n'était point puissamment enrayée, d'arrêter la France dans son développement normal et nécessaire et de la rejeter au second rang des nations européennes.

Le but principal de la loi a donc été de prévenir la mortalité excessive qui frappe sur les enfants du premier âge, mais ses prescriptions de surveillance sont limitées aux enfants placés, moyennant salaire, hors du domicile de leur famille.

La loi intitulée « Loi relative à la protection des en- « fants du premier âge, et, en particulier des nourrissons », ne comprend que 15 articles.

A cette loi se rattachent un règlement d'administration publique en date du 27 février 1877, une instruction générale du Ministre de l'Intérieur adressée aux préfets le 15 juin suivant et une ordonnance de police du 1er février 1878, concernant les nourrices, sevreuses et gardeuses et les personnes qui s'entremettent pour leur confier des enfants.

Cette ordonnance qui abroge les ordonnances de police des 9 août 1828 sur les maisons de sevrage et 20 juin 1842 sur les nourrices, logeurs, meneurs et meneuses de nourrices, constitue le règlement particulier à Paris et au département de la Seine prévu par l'art. 12 de la loi ; il faut également rattacher à la loi Roussel un certain nombre de circulaires ministérielles dont les plus intéressantes sont à la date des 21 juillet 1882 et 19 juillet 1884.

Aux termes de l'art. I. de la loi du 23 décembre 1874 :

Tout enfant, âgé de moins de deux ans, qui est placé, moyennant salaire, en nourrice, en sevrage ou en garde, hors du domicile de ses parents, devient, par ce fait, l'objet d'une surveillance de l'autorité publique, ayant pour but de protéger sa vie et sa santé.

Ainsi donc 3 conditions sont nécessaires pour qu'un enfant mis en nourrice, en sevrage ou en garde soit surveillé par l'autorité publique :

1° Qu'il soit âgé de moins de 2 ans.

2° Qu'il soit placé moyennant salaire.

3° Que ce placement ait lieu hors du domicile des parents de l'enfant c'est-à-dire hors du toit de ses père et mère.

Il y a spécialement 2 points à noter dans cet article :

a. — L'âge de 2 ans comme limite légale de la protection spéciale instituée en faveur des enfants du premier âge ;

b. — L'adjonction à la catégorie des enfants en nourrice d'une catégorie appelée des enfants en sevrage ou en garde.

Ces 2 dispositions sont en effet très importantes ; l'une détermine avec précision les enfants compris dans la loi ; l'autre étend la protection et la surveillance à des enfants placés dans des conditions qui offrent des dangers aussi grands que ceux auxquels sont exposés les enfants en nourrice.

Ce premier article a toute l'ampleur d'une déclaration de principe ; il a un caractère doctrinal ; par avance, on avait escompté l'effet moral qu'il produirait ; tous les mots portent, chacun a sa raison d'être.

On peut presque dire que la loi tient toute entière dans cet article.

Pour échapper à la surveillance de l'autorité publique bien des mères confient leur enfant à des nourrices en les déclarant comme mis chez des parents où ils sont censés ne pas payer et où les enfants par conséquent échappent à la surveillance du médecin-inspecteur.

Si la mère met l'enfant chez un parent, celui-ci, rarement une proche parent, ne soignera guère mieux l'enfant qu'une nourrice. Si l'enfant était mis chez les grands parents on peut dire qu'il y trouverait presque toujours autant de soins que chez la mère et le meilleur exemple à citer à ce propos est la très faible mortalité des nourrissons du département de la Creuse. Là ils sont élevés au biberon, il est vrai, mais ils le sont par leurs grands parents qui reçoivent leurs petits enfants des charbonniers de Paris (presque tous originaires de la Creuse) qui envoient leurs bébés à élever dans leur pays.

Le service de la protection présente l'organisation suivante dans ses grandes lignes :

La surveillance est confiée dans le département de la Seine au Préfet de Police et dans les autres départements, aux préfets.

Ces fonctionnaires sont assistés d'un comité ayant pour mission d'étudier et de proposer les mesures à prendre et composé comme suit :

Deux membres du conseil général ;

Dans le département de la Seine, le directeur de l'assistance publique, et, dans les autres départements, l'inspecteur du service des enfants assistés ;

Six autres membres, nommés par le préfet, dont un médecin membre du conseil départemental d'hygiène publique et trois membres pris parmi les administrateurs des sociétés légalement reconnues qui s'occupent de l'enfance, notamment des *Sociétés protectrices de l'Enfance*, des *Sociétés de Charité maternelle*, des *Crèches* ou des *Sociétés des Crèches*, ou, à leur défaut, parmi les membres des commissions administratives des hospices et des bureaux de bienfaisance (art. 2).

Cet article admet les administrateurs des sociétés protectrices de l'enfance, au même titre que ceux des crèches et des sociétés de charité maternelle, à faire partie de droit des comités départementaux de protection des nourrissons.

On avait d'abord réclamé pour eux une participation plus directe à l'exécution de la loi. Mais elle aurait entraîné avec elle une part proportionnelle de responsabilité qui ne convient qu'à l'autorité publique.

A cet inconvénient majeur au point de vue des principes, s'ajoutaient des impossibilités pratiques ; comment obtenir la généralité, la régularité, la fixité d'action qu'exige l'exécution de la loi de sociétés qui alors étaient encore peu nombreuses, avaient une consistance inégale et étaient soumises à toutes les chances de l'imprévu?

Aussi reconnaîtra-t-on sans peine qu'il a été fait dans la loi non seulement tout ce que permettait l'intérêt supérieur des nourrissons, mais aussi tout ce qui était possible pour utiliser, en l'honorant, le zèle des sociétés protectrices et, en même temps, ce qui est le plus désirable pour leur prospérité, qui trouvera toujours sa meilleure garantie dans le maintien de leur indépendance originelle.

Des commissions locales sont instituées, par un arrêté du préfet, après avis du comité départemental, dans les parties du département où l'utilité en sera reconnue, pour concourir à l'application des mesures de protection des enfants et de surveillance des nourrices et gardeuses d'enfants.

Deux mères de famille font partie de chaque commission locale.

Toutes ces fonctions sont gratuites.

Le devoir de surveillance est exercé par le maire lorsqu'il n'y a pas de commission locale.

Confier la surveillance à une commission prise sur les lieux mêmes, composée de membres qui sont forcément en relations constantes avec les personnes qu'ils doivent surveiller, nous semble une idée des plus heureuses.

Un Comité supérieur de protection a été institué près le ministère de l'Intérieur; il a pour mission de réunir et coordonner les documents transmis par les comités départementaux, d'adresser chaque année au ministre un rapport sur les travaux de ces comités, sur la mortalité des enfants, sur les mesures les plus propres à assurer et étendre les bienfaits de la loi, et de proposer, s'il y a lieu, d'accorder des récompenses honorifiques aux personnes qui se sont distinguées par leur dévouement et leurs services.

Un membre de l'Académie de médecine, désigné par cette Académie, les présidents de la *Société protectrice de l'Enfance de Paris*, de la *Société de Charité maternelle* et de la *Société des Crèches* font partie de ce Comité.

Les autres membres, au nombre de sept, sont nommés par décret du Président de la République.

Les fonctions de membre du Comité supérieur sont gratuites (art. 3).

Il est publié, chaque année, par les soins du Ministre de l'Intérieur, une statistique détaillée de la mortalité des enfants du premier âge et, spécialement, des enfants placés en nourrice, en sevrage ou en garde.

Le ministre adresse, en outre, chaque année, au Président de la République un rapport officiel sur l'exécution de la loi (art. 4).

Constatons ici que le *dernier* rapport qui ait été établi conformément à cet article remonte au 30 janvier 1885 (*Journal officiel* du 2 février 1885).

Dans les départements où l'utilité d'établir une inspection médicale des enfants en nourrice, en sevrage ou en garde est reconnue par le Ministre de l'Intérieur, le Comité supérieur consulté, un ou plusieurs médecins sont chargés de cette inspection (art. 5).

Toute personne ayant un nourrisson ou un ou plusieurs enfants en sevrage ou en garde, placés chez elle moyennant salaire ; les bureaux de placement et tous les intermédiaires qui s'emploient au placement des enfants en nourrice, en sevrage ou en garde, sont soumis à la surveillance instituée par la loi (art. 6).

Toute personne qui place un enfant en nourrice, en sevrage ou en garde, moyennant salaire, est tenue, sous les peines portées par l'article 346 du Code pénal, d'en faire la déclaration à la mairie de la commune où a été faite la déclaration de naissance de l'enfant, ou à la mairie de la résidence actuelle du déclarant, en indiquant, dans ce cas, le lieu de la naissance de l'enfant, et de remettre à la nourrice ou à la gardeuse un bulletin contenant un extrait de l'acte de naissance de l'enfant qui lui est confié (art. 7).

Cet article a pour but [de même que l'art. 9 (1°)] non seulement d'assurer l'état civil de l'enfant, mais aussi de donner à la statistique les moyens d'établir une véritable comptabilité des nourrissons.

Par l'obligation de déclarer à la mairie tout placement en nourrice, il n'est plus possible à aucune famille d'ignorer que la séparation de la mère et de son enfant nouveau-né et la remise de celui-ci à une femme mercenaire qui l'emporte au loin. sont considérés comme des actes dont la société s'inquiète, que la loi surveille et dont elle exige la constatation.

L'article 8 de la loi établit une distinction au point de vue des formalités à remplir entre les deux sortes de nourrices, savoir :

1° Les nourrices de campagne ou nourrices à emporter ;

2° Les nourrices sur lieu.

Aux termes de cet article :

1° Toute personne qui veut se procurer un nourrisson ou un ou plusieurs enfants en sevrage ou en garde, est tenue de se munir préalablement des certificats exigés par les règlements pour indiquer son état civil et justifier de son aptitude à nourrir ou à recevoir des enfants en sevrage ou en garde.

2° Toute personne qui veut se placer comme nourrice sur lieu, est tenue de se munir d'un certificat du maire de sa résidence, indiquant si son dernier enfant est vivant et constatant qu'il est âgé de *sept mois révolus*, ou, s'il n'a pas atteint cet âge, qu'il est allaité par une autre femme remplissant les conditions déterminées par le règlement d'administration publique.

En ce qui concerne l'industrie des nourrices sur lieu il

faut reconnaître que cette industrie que les femmes des grandes villes encouragent en n'allaitant pas leurs enfants et en les faisant allaiter par les femmes de la campagne qui viennent habiter chez elles, est une industrie dont on n'a pas jusqu'à ce jour assez apprécié l'immoralité.

Les travaux du Dr Monot ne laissent aucun doute à cet égard. Ce praticien a parfaitement démontré que lorsqu'une femme mariée se place comme nourrice sur lieu, son ménage est presque toujours un ménage perdu ; son nouveau-né, sevré prématurément, est presque toujours un enfant sacrifié ; souvent même plusieurs de ses enfants meurent pendant qu'elle est en place.

Ce sinistre tableau n'est pas chargé et nous connaissons la mortalité considérable qu'entraîne cet abandon temporaire de l'enfant par la mère qui, dans l'esprit de lucre qui l'aveugle, trafique de son lait avant que son petit n'en ait plus besoin.

C'est pour atténuer le plus possible cette mortalité que l'art. 8, § 2 exige la production d'un certificat du maire relatif à l'enfant de la nourrice.

Si la loi n'a pas limité l'âge de l'enfant de la femme qui veut prendre un enfant à élever chez elle au sein, elle a du moins cru devoir limiter l'âge de l'enfant de la nourrice qui veut se placer sur lieu et qui doit confier son enfant à une autre éleveuse.

Cette formalité n'est pas nouvelle ; nous avons vu, en effet, que déjà la déclaration du 29 janvier 1715 exigeait de la nourrice la production d'un certificat constatant l'âge de l'enfant dont elle était accouchée et que l'ordonnance de police du 17 décembre 1762 faisait défense à toute éleveuse « de se charger d'aucun nourrisson avant « que leur dernier enfant ne soit sevré et *âgé de 7 mois* « à moins qu'il ne soit allaité par une autre nourrice ce « qui doit être établi par un certificat du curé, vicaire ou « desservant de sa paroisse ».

Toute personne qui a reçu chez elle, moyennant salaire, un nourrisson ou un enfant en sevrage ou en garde, est tenue, sous les peines portées à l'article 346 du Code pénal :

1° D'en faire la déclaration à la mairie de la commune de son domicile dans les 3 jours de l'arrivée de l'enfant, et de produire le bulletin de naissance qui a dû lui être remis (aux termes de l'art. 7) par la personne qui a placé l'enfant.

2° De faire, en cas de changement de résidence, la même déclaration à la mairie de sa nouvelle résidence ;

3° De déclarer, dans le même délai, le retrait de l'enfant par ses parents ou la remise de cet enfant à une autre personne, pour quelque cause que cette remise ait lieu ;

4° En cas de décès de l'enfant, de déclarer ce décès dans les vingt-quatre heures.

Ces déclarations sont inscrites sur un registre spécial par le maire qui en donne avis dans le délai de 3 jours, au maire de la commune où a été faite la déclaration prescrite par l'art. 7.

Le maire de cette dernière commune donne avis, dans le même délai, des déclarations prescrites par les n°s 2, 3 et 4 ci-dessus, aux auteurs de la déclaration de mise en nourrice, en sevrage ou en garde (art. 9).

Cet article constitue une réelle amélioration à la situation qui existait auparavant.

En effet, un nombre considérable de crimes de toute nature, surtout l'infanticide par inanition, se commettaient sur les enfants, et la plupart des placements étant ignorés de l'autorité, la justice ne pouvait sévir que dans les cas exceptionnels où la clameur publique devenait trop forte et désignait, comme cela a eu lieu, sous le nom de « charnier des innocents », la demeure des nourrices où, dit le Dr A. Mayer, 18 nourrissons sur 20 avaient péri.

Comme nous l'avons dit pour l'art. 7, on a voulu par les nos 1, 2 et 3 de l'art. 9 assurer non seulement l'état civil de l'enfant mais encore pouvoir établir une véritable comptabilité des nourrissons basée sur des données statistiques sérieuses.

La loi ordonne (art. 10) que le registre spécial ouvert dans les mairies pour les déclarations ci-dessus prescrites soit coté, parafé et vérifié tous les ans par le juge de paix. Ce magistrat fait, sur les résultats de cette vérification, un rapport annuel au procureur de la République, qui le transmet au préfet.

En cas d'absence ou de tenue irrégulière du registre, le maire est passible de la peine édictée à l'article 50 du Code civil.

C'est ainsi que la magistrature se trouve associée à l'administration pour assurer le bon fonctionnement de la loi.

L'autorisation du Préfet de Police (1), dans le départe-

1. On a contesté longtemps au Préfet de Police le droit d'autoriser l'ouverture des bureaux de nourrice ou de placement. C'est cependant une des meilleures garanties que l'on puisse avoir dans l'intérêt des enfants.

ment de la Seine, ou du préfet dans les autres départements est nécessaire pour ouvrir ou diriger un bureau de nourrices, exercer la profession d'intermédiaire pour le placement des enfants en nourrice, en sevrage ou en garde et le louage des nourrices.

Toute personne qui exerce, sans autorisation, l'une ou l'autre de ces professions, ou qui néglige de se conformer aux conditions de l'autorisation ou aux prescriptions des règlements, est punie d'une amende de 16 à 100 francs. En cas de récidive, la peine d'emprisonnement prévue par l'article 480 du Code pénal peut être prononcée.

Ces mêmes peines sont applicables à toute sage-femme et à tout autre intermédiaire qui entreprend, sans autorisation, de placer des enfants en nourrice, en sevrage ou en garde.

Si, par suite de la contravention ou par suite d'une négligence de la part d'une nourrice ou d'une gardeuse, il est résulté un dommage pour la santé d'un ou de plusieurs enfants, la peine d'emprisonnement de un à cinq jours peut être prononcée.

En cas de décès d'un enfant, l'application des peines portées à l'article 319 du Code pénal peut être prononcée (art. 11).

On s'est demandé si cet article s'appliquait au placement des nourrices sur lieu.

Aux termes d'un rapport de M. Dejamme, auditeur au Conseil d'État, dont les conclusions ont été adoptées par le Comité supérieur de protection des enfants du premier âge, dans la séance du 19 janvier 1889, les intermédiaires pour le placement des nourrices sur lieu ne sont pas soumis à l'autorisation préalable.

L'art. 13 punit d'une amende de 5 à 15 fr. toute infraction aux dispositions de la loi et des règlements d'administration publique qui s'y rattachent et déclare applicable à tous les cas prévus par la loi le dernier paragraphe de l'art. 463 du Code pénal et les art. 482 et 483 du même code.

Rappelons ici qu'un arrêt de la Chambre criminelle de la Cour de Cassation du 24 août 1883 décide que l'individu prévenu d'avoir contrevenu aux prescriptions de la loi du 23 décembre 1874 en omettant de déclarer qu'il avait placé son enfant en nourrice ou en négligeant de remettre à la nourrice le bulletin contenant un extrait de l'acte de naissance de l'enfant ne peut être relaxé des poursuites, ni à raison de sa bonne foi, ni à raison de son ignorance de la loi que l'officier de l'état civil aurait négligé de lui faire connaître au moment de la déclaration de naissance, ni à raison de son empressement à réparer son omission dès qu'il a eu connaissance des obligations que la loi lui imposait.

Les mois de nourrice dus par les parents ou par toute autre personne font partie des créances privilégiées et prennent rang entre les n°s 3 et 4 de l'article 2101 du Code civil (art. 14).

Nous reviendrons dans notre chapitre III § 1 sur la question du paiement des mois de nourrice qui est de la plus haute importance.

Le dernier article de la loi Roussel est relatif aux dépenses auxquelles l'exécution de la loi donnera lieu ; il met ces dépenses, par moitié, à la charge de l'Etat et des Départements intéressés.

Telle est l'économie de la loi de 1874.

Le texte de cette loi n'est après tout, examiné de près, que le rétablissement et l'adaptation aux conditions actuelles de notre société de la législation qui sous l'ancien régime avait pour but de protéger les enfants des bourgeois de Paris contre les abus de l'industrie nourricière.

On peut faire deux parts des 15 articles dont la loi se compose : ceux qui n'ont été que la reproduction de dispositions empruntées à une législation ancienne, et les articles nouveaux, ceux qui ont apporté avec eux des innovations.

Ainsi, on reconnaît par la simple lecture des articles 6, 8, 9, 10, 11 et 14, qu'on s'est borné à mettre à profit des règles consacrées dans le siècle dernier et qui étaient appliquées avant 1874 avec plus ou moins de précision, soit dans le service des enfants assistés de la Seine, soit dans celui de la Direction Municipale des nourrices de Paris, soit même dans les bureaux particuliers régis par l'ordonnance de police de 1842.

Dans tout ce système de mesures on rencontre une seule innovation : l'établissement obligatoire dans les mairies d'un registre spécial pour les nourrissons et les nourrices. Encore la nouveauté consiste-t-elle dans un mode d'application différent, c'est-à-dire plus rigoureux et généralisé, d'un contrôle dont la nécessité s'est imposée il y a plus d'un siècle et forçait l'autorité de réclamer des chefs spirituels des paroisses la plus grande partie de ce que la loi exige des chefs civils des communes.

M. Théophile Roussel s'exprimait ainsi à ce sujet : « Le texte de la proposition de loi que je soumets à l'As-« semblée, n'est pas une œuvre personnelle, ni une œu-« vre originale sur une question nouvelle, c'est la dernière « expression et le résumé pratique d'un travail législatif « souvent repris sur une question pendante depuis des « siècles et dont l'intérêt public et l'humanité n'ont plus « permis d'ajourner la solution ; c'est le fruit d'une lon-« gue observation collective, qui comprend les efforts d'une « réunion d'hommes choisis parmi les plus compétents. « J'insiste sur ce point, non seulement pour bien définir « ici mon rôle, mais encore pour montrer qu'un rapide exa-« men de l'Assemblée Nationale peut suffire pour amener « à son dernier terme une œuvre à laquelle de si hono-« rables efforts ont été consacrés ».

Le *règlement d'administration publique* entre dans des détails très minutieux sur l'organisation du service.

La *Commission locale* se réunit au moins une fois par mois ; elle peut, après mise en demeure adressée aux parents et sur l'avis du médecin-inspecteur, retirer l'enfant à la nourrice, sevreuse ou gardeuse et le placer provisoirement chez une autre personne ; en ce cas elle doit dans les 24 heures rendre compte de sa décision au préfet et prévenir les parents (art. 7).

Le *médecin-inspecteur* doit se transporter au domicile de la nourrice, sevreuse ou gardeuse pour y voir l'enfant, dans la huitaine du jour où il est prévenu par le maire de l'arrivée de cet enfant dans la commune ; il doit ensuite visiter l'enfant au moins une fois par mois et à toute réquisition du maire ; il rend compte immédiatement au maire et au préfet des faits qu'il aurait constatés dans ses visites, et qui mériteraient leur attention. Si le médecin reconnaît, soit chez la nourrice, soit chez l'enfant, les symptômes d'une maladie contagieuse, il constate l'état de l'enfant et celui de la nourrice, et il peut faire cesser l'allaitement naturel. Dans ce cas, ainsi que lorsqu'il constate une grossesse, il informe le maire, qui doit aviser les parents.

Le *Comité départemental* se réunit au moins une fois par mois.

Toute femme qui veut prendre chez elle un enfant doit préalablement obtenir : *a*) un certificat du maire de sa commune mentionnant :

1° Nom, prénoms, signalement, domicile et profession de la nourrice, date et lieu de sa naissance ;

2° État civil de la nourrice, nom, prénoms et profession de son mari ;

3° Date de la naissance de son dernier enfant, et si cet enfant est vivant.

Le certificat fera connaître si le mari a donné son consentement ; il contiendra les renseignements que pourra fournir le maire sur la conduite et les moyens d'existence de la nourrice, sur la salubrité et la propreté de son habitation. Il constatera la déclaration de la nourrice qu'elle est pourvue d'un garde-feu et d'un berceau.

Sur l'interpellation du maire, la nourrice déclarera si elle a déjà élevé un ou plusieurs enfants moyennant salaire ; elle indiquera l'époque à laquelle elle a été chargée de ces enfants, la date et la cause des retraits (art. 28).

b). — Un certificat médical qui doit attester que la nourrice remplit les conditions désirables pour élever un nourrisson ; qu'elle n'a ni infirmités, ni maladie contagieuse et qu'elle est vaccinée.

Elle doit en outre se munir d'un *carnet* qui lui est délivré gratuitement.

Ce carnet reproduit notamment l'extrait de l'acte de naissance de l'enfant ; les noms, profession, demeure des parents, etc... des articles du Code pénal, du règlement d'administration publique, du règlement particulier fait par le préfet en exécution de l'art. 12 de la loi et en outre des notions élémentaires d'hygiène.

Il est interdit à toute nourrice d'allaiter un autre enfant que son nourrisson, à moins d'une autorisation spéciale et écrite donnée par le médecin-inspecteur. De même, sauf autorisation, nulle sevreuse ou gardeuse ne peut se charger de plus de deux enfants à la fois.

L'Instruction Générale du 15 juin 1877 s'occupe également de l'organisation du service créé par la loi.

Notre intention n'étant pas de faire un guide manuel de la loi Roussel à l'usage des fonctionnaires appelés à appliquer cette législation nous n'entrerons pas dans de plus amples détails.

L'*ordonnance de police* du 1er février 1878 applicable dans le département de la Seine comprend deux titres : le premier est consacré aux nourrices, sevreuses ou gardeuses ; le deuxième traite des intermédiaires du placement des enfants en nourrice, sevrage ou garde.

CHAPITRE III

§ I. — Du paiement des mois de nourrice ; importance de la question. — Contrainte par corps. — Sa suppression (25 août 1792). — Décret-loi du 25 mars 1806. — Intervention de l'administration auprès des parents. — L'article 14 de la loi Roussel. — § II. — Du transport des nourrissons. — Circulaires de 1886 et 1887. — § III. — La loi Roussel est-elle applicable aux crèches ? — § IV. — Quelques mots sur les enfants assistés. — Conciliation pour la surveillance des nourrissons des règles des services des enfants assistés avec les prescriptions de la loi de 1874. — § V. — Application tardive de la loi Roussel. — Résultats de cette application spécialement dans le département de la Seine. — § VI. — Critiques qui ont été adressées à la loi. — Modifications qui ont été proposées. — Appréciation de la loi.

Nous consacrerons le présent chapitre à l'étude de certains points particuliers dont quelques-uns nous paraissent présenter un grand intérêt. Nous y traiterons notamment la question du paiement des mois de nourrice, celle du transport des nourrissons ; nous verrons s'il y a lieu de faire application de la loi Roussel aux crèches, puis nous envisagerons les résultats de l'application de la loi, enfin nous étudierons les principales critiques qui ont été adressées à la loi de 1874 et les différentes améliorations que l'on a proposé d'y apporter.

§ I. — *Du paiement des mois de nourrice.*

La question du paiement des mois de nourrice est une des questions les plus importantes de l'industrie nourricière. Les non-paiements ont occasionné dans le passé de véritables désastres et sont encore, de nos jours, une cause de dangers pour la vie et la santé des nourrissons.

La question des mois de nourrice impayés a pesé autrefois sur la population pauvre avec une gravité extrême ; elle a provoqué alors des plaintes plus vives et plus fondées qu'à notre époque ; le non-paiement des mois de nourrice a été combattu avec les moyens les plus violents dont disposait l'ancien régime.

La déclaration de 1715 accordait aux nourrices l'exercice de la contrainte par corps contre les parents de l'enfant pour le paiement des mois à elles dûs.

Au siècle dernier les progrès du mal dont il s'agit amenèrent la suppression de l'ancienne industrie privilégiée des logeuses de nourrices appelées recommandaresses et la création d'un « Bureau Général » qui prenait à son compte le paiement des mois de nourrice des enfants parisiens. L'acte connu sous le nom de déclaration du roi du 24 juillet 1769 décidait que la recette des mois ne se ferait plus par l'intermédiaire des meneurs, mais qu'elle ferait partie des attributions des directeurs du Bureau Général et serait confiée à des préposés spéciaux dont un pour chaque quartier de Paris et deux pour la banlieue.

Les sommes ainsi recouvrées, centralisées au Bureau Général devaient être remises aux nourrices par les meneurs autorisés avec remise de un sol par livre sur la somme payée par eux.

Tel a été le premier système de garantie mis en pratique.

Il y a lieu de remarquer que lorsque l'administration prit cette garantie à sa charge, elle se trouvait armée vis-à-vis des parents des nourrissons du droit de prise de corps en vigueur sous l'ancienne monarchie contre tout débiteur insolvable.

L'énergie avec laquelle on eut recours à ce droit peut se juger par les élans de pitié publique dont les pères pauvres incarcérés pour non-paiement de mois de nourrice devinrent l'objet.

Des associations charitables se formèrent pour les secourir, elles fournissaient l'appoint du paiement des nourrices et, lorsque l'Assemblée Nationale en supprimant les congrégations religieuses vint tarir cette source, elle s'empressa de voter une subvention de 225.000 livres à employer au profit des familles pauvres.

Le gouvernement populaire qui s'était établi avait compris qu'il ne pouvait plus permettre de poursuivre aussi rigoureusement que par le passé le paiement des dettes de la nature de celles qu'entraîne l'impossibilité de solder les mois de nourrice.

L'Assemblée Nationale par la loi du 25 août 1792 supprima la contrainte par corps ; cette loi semble pourtant n'avoir pas eu d'effet immédiat, au moins pour les débiteurs déjà incarcérés, car le 26 septembre 1792, la Convention Nationale décrétait à la fois « sur la demande de « plusieurs citoyennes, la mise en liberté immédiate des

« prisonniers détenus pour mois de nourrice et la promp-
« te punition des traîtres à la Patrie ».

Quatre mois après, le 20 janvier 1793, la Convention votait de nouveau un secours de 67.112 livres à payer au Bureau des nourrices pour 1664 pères de famille incapables de tenir leurs engagements.

Ces secours étaient insuffisants. La suppression de la contrainte par corps sembla donner une activité nouvelle au mal combattu jusque-là avec plus de rigueur que de succès.

Le Directoire se préoccupa d'autre part dans son arrêté du 5 messidor an IV « de remédier à l'insuffisance des « salaires des nourrices, réduits par les variations suc-« cessives du signe monétaire à un taux trop dispropor-« tionné au prix des denrées..., d'assurer la régularité « de ce paiement et de le proportionner au cours des den-« rées conformément au vœu de la justice et aux vues de « la bienfaisance nationale ».

Il est établi par un document présenté au Conseil Général des hôpitaux qu'en l'an X, un arriéré de gages de 152.000 francs était dû aux nourrices par le Bureau Général lui-même, en sorte que la garantie établie par l'ancienne administration était déjà illusoire et qu'il fallait trouver d'autres expédients.

A cet effet, un décret-loi du 25 mars 1806, décida que le recouvrement des mois de nourrice s'effectuerait sur un rôle rendu exécutoire par le préfet avec droit de décerner contrainte comme en matière de contributions, sans prise de corps ni poursuite en répétition de frais.

Ce retour en arrière n'améliora pas la situation. En

1821 un rapport de Péligot constatait que l'administration avait reçu, dans l'espace de 20 ans, en subventions ou dons particuliers pour le salaire des nourrices, une somme de 1.245.723 fr. et que cependant la dette contractée envers ces malheureuses femmes, et non payée, s'élevait à un chiffre énorme qu'on ne pouvait pas fixer au juste et qu'on évaluait entre 600 et 700.000 fr.

Le Conseil Général des hôpitaux ne trouva rien de mieux pour sortir de cette situation que de réduire la garantie et, par un arrêté du 1er juillet 1821, il fut décidé que le taux du salaire garanti ne serait que de 10 fr. par mois et que la garantie ne dépasserait pas 10 mois de nourrissage.

L'effet des mesures prises en 1821 fut si peu sensible que, d'après un autre rapport officiel, présenté le 24 novembre 1824, le montant des créances des nourrices reconnues irrécouvrables s'élevait à 637.677 fr., et ce total ne représentait pas le quart des sommes dues.

Le seul résultat apparent des nouvelles mesures restrictives fut de diminuer la clientèle pauvre de la Direction Municipale. Plus tard, celle-ci, en vue d'améliorer ses recouvrements, obtint l'abrogation par un décret du 17 juin 1852 de l'art. 4 du décret de 1806 qui exigeait que les poursuites pour mois de nourrice impayés fussent opérées sans frais.

Depuis la création du service de la surveillance des nourrissons, la question des mois de nourrice impayés a été maintes fois soulevée.

On la trouve dans de nombreux rapports qui circulent d'un département à l'autre et, à vrai dire, on n'a fait jusqu'ici qu'exposer l'inconvénient de ces non-paiements, sans indiquer un moyen pratique d'y remédier.

Lorsque les parents ne paient pas la nourrice, il y a là inexécution de conventions entre particuliers ; elles ont par suite, en droit, le caractère de contestations d'un intérêt exclusivement privé relevant des tribunaux civils et non de l'autorité administrative.

Cependant, celle-ci peut, quand elle est saisie de ces plaintes, rendre des services aux intéressés. Le préfe écrit au maire de la commune où résident les parents qui sont convoqués soit au cabinet du maire, soit à celui du commissaire de police, soit à celui de l'inspecteur des enfants assistés ; l'administration agit ainsi par pression morale sur les familles récalcitrantes, mais très souvent, elle n'obtient que des promesses de règlement qui ne se réalisent pas.

En ce qui concerne le Département de la Seine, la Préfecture de Police a reçu en 1898, 1121 réclamations pour paiements de mois de nourrice. Ces réclamations formaient un total de 150.346 fr. Grâce aux démarches de la Préfecture de Police, dans 33 cas (soit environ 3 0/0) elle a obtenu le paiement immédiat et intégral ; dans 29 cas un paiement immédiat et partiel ; 459 personnes ont fait des promesses de paiement ; dans 160 cas il y a eu impossibilité de paiement ; pour 331 cas les recherches sont restées infructueuses.

Si l'on rencontre de bonnes femmes qui par un sentiment d'affection heureusement peu rare, continuent à bien soigner un enfant pour lequel on ne leur paie pas les gages promis, on en voit aussi qui, par rancune ou dégoût, se désintéressent de leurs devoirs et le nourrisson est alors la principale et l'innocente victime de ces négligences.

Le décret de 1877 dit bien que l'autorité a mission de déplacer d'office un enfant mal soigné, quand les parents se montrent indifférents; mais, comment l'autorité locale pourrait-elle trouver une nouvelle nourrice lorsque la première n'a pas reçu la juste rémunération à laquelle elle avait droit?

Certaines idées ont été émises sur ce point; elles aboutissent plus ou moins à la responsabilité du budget public. Il nous semble qu'on admet un peu trop facilement que les mois de nourrice impayés peuvent tomber à la charge des contribuables. On risquerait de faire naître une source d'abus; on verrait des familles s'abstenir de payer les mois de nourrice dûs par elles, en s'appuyant sur un prétexte quelconque et avec la pensée que finalement le Trésor paierait.

Nous avons vu que par l'art. 14 de la loi Roussel le législateur a décidé que les mois de nourrice sont privilégiés et prennent rang dans l'art. 2101 du Code civil; mais, rien ne garantit le paiement s'il y a mauvais vouloir chez les parents et impuissance chez les nourriciers pour poursuivre.

Aussi, en pratique, les nourrices n'ont retiré aucun avantage de l'art. 14 de la loi.

Leur situation en général laisse le recours à la loi hors de leur portée; d'autre part, les parents qui ne paient pas, qu'il faudrait aller poursuivre au loin, n'ont, le plus souvent, aucuns meubles ou immeubles, susceptibles de privilège, soit qu'il s'agisse de familles d'ouvriers vivant de leur salaire, soit qu'il s'agisse de filles-mères que l'instabilité plus encore que l'irrégularité de leur situation, pousse trop souvent à chercher un moyen d'abandon dans un placement d'enfant en nourrice.

On peut se demander s'il ne faudrait pas accorder à la nourrice un privilège général sur les biens des parents de l'enfant et lui accorder de plein droit l'assistance judiciaire, car les frais de poursuite sont trop élevés et les nourrices, femmes indigentes et ignorantes le plus souvent, n'ont ni le temps ni les ressources nécessaires pour opérer le recouvrement des sommes qui leur sont dues.

§ II. — *Du transport des nourrissons.*

L'attention du législateur a toujours été attirée sur les conditions du transport des enfants et les plus anciens règlements s'occupent des meneurs et des meneuses.

Le retour des nourrices dans leur village ne se faisait pas toujours par voitures, les coches d'eau étaient utilisés et là, les plus simples conditions de bonne installation étaient méconnues, ainsi que le relate madame de Sévigné dans son voyage aux Rochers (près de Vitré).

Le Journal de Paris du 30 janvier 1781 rapporte (en ce qui concerne le transport des enfants assistés) un événement intéressant l'humanité : « Jusqu'alors les enfants « étaient transportés au nombre de 15 environ dans une « même voiture, accompagnés seulement de 2 ou 3 femmes « chargées de leur conduite jusqu'à l'endroit de leur des-

« tination qui ordinairement est fort éloignée de Paris et
« là de les distribuer à de pauvres nourrices qui, par
« leur pauvreté même et leur genre de vie ont peu de
« lait et ont cependant quelquefois 2 enfants à nourrir.
« Madame de F... a fait construire une carriole couverte
« dans laquelle sont 16 barcelonnettes fixées aux parois
« de la voiture de manière que les enfants sont trans-
« portés sans se toucher sous la conduite de 5 femmes
« qui en ont soin pendant la route. Cette voiture sortit
« de l'hospice des enfants assistés le 29 janvier 1781 ».

En 1821 on rencontrait un meneur sur la route de Paris à Alençon qui avait un convoi de 22 nourrices et 22 enfants dans une charrette à 3 chevaux, celle-ci contenait en outre : 2 voies de charbon de terre, 600 kilog. de fer en barres, 4 balles de cuir gras et 2 gros paniers de verrerie.

Nous renvoyons ici aux citations que nous avons faites plus haut concernant le transport des enfants dans le Perche (citations extraites des publications des Drs Monot et Brochard.)

Dans le département de la Seine des mesures ont été prises pour amoindrir les dangers de mort que courent les nourrissons dans les voyages.

Ainsi une lettre préfectorale du 20 avril 1820 interdit aux directeurs de bureaux de nourrices de confier à une nourrice un enfant malade et ne paraissant pas en état de supporter les fatigues du voyage.

L'ordonnance de police du 1er février 1878 dit (art. 12, titre II) qu'il est expressément défendu aux meneurs et meneuses ou à toutes autres personnes s'occupant dans le département de la Seine du placement d'enfants en nourrice d'emporter ou de faire emporter des enfants nouveau-nés sans que ces enfants puissent être pendant le transport entourés des soins dont ils ont besoin.

Une circulaire du 30 janvier 1886 invite les directeurs de bureaux de nourrices à réclamer, préalablement à l'envoi de tout enfant dans les départements autres que ceux de la Seine et de Seine-et-Oise, la production d'un certificat délivré soit par un médecin soit par la sage-femme accoucheuse et constatant que le nourrisson est en état de supporter les fatigues du voyage.

Enfin une circulaire préfectorale, en date du 31 décembre 1887, enjoint aux mêmes directeurs d'exiger pour tout placement quels que soient l'âge de l'enfant et la distance à parcourir, un certificat médical constatant en propres termes que « le nourrisson est en état de supporter les fatigues du voyage ».

Si ces mesures étaient rigoureusement observées par les bureaux de placement, il y aurait certainement une diminution de la mortalité.

C'est un fait avéré que le voyage que les enfants envoyés en nourrice sont obligés de faire peu de temps après leur naissance est pour beaucoup d'entre eux une cause de mortalité.

Nous avons vu que l'Académie de médecine lors des discussions qui s'élevèrent en 1869 mentionnait parmi les causes de mortalité : « Le transport prématuré des en-
« fants pour la déclaration de naissance, pour le baptê-
« me et le placement en nourrice ».

L'interprétation de l'art. 55 du Code civil qui exige le

transport des nouveau-nés à la mairie dans les 3 jours de l'accouchement donna lieu à des plaintes très fondées et la prescription du transport des enfants à l'église pour le baptême a produit des effets fâcheux dans beaucoup de pays froids et montagneux.

Il y a plus d'un siècle qu'un savant ecclésiastique, l'astrologue Toaldo, demandait que les enfants fussent ondoyés à domicile et portés au baptême 40 jours plus tard.

Mentionnons qu'en 1845 l'Académie des sciences accueillit favorablement une proposition du Dr Loir qui demandait que l'officier de l'état civil ou son délégué vînt constater la naissance à domicile.

En ce qui concerne le département de la Seine un arrêté préfectoral du 29 décembre 1868 décide que la visite du médecin de l'état civil au domicile des parents de l'enfant, tient lieu de présentation de l'enfant à l'officier de l'état civil.

Cependant actuellement on insère toujours dans les actes de naissance la formule : « dressé sur présenta-« tion de l'enfant ».

Il est vrai d'ajouter que fréquemment encore des parents pressés de se débarrasser de leur progéniture en l'envoyant en nourrice, n'attendent pas la visite du médecin de l'état civil et apportent l'enfant à la mairie ; dans ce cas le médecin de l'état civil n'a pas à se rendre à domicile.

Depuis de longues années déjà l'Angleterre avait supprimé toute obligation de transport des nouveau-nés ; la Russie, la Prusse, avaient fixé pour le transport de ceux-ci des délais raisonnables. Il est à souhaiter que dans la France entière un médecin se rende au domicile des parents à l'effet de constater le sexe du nouveau-né.

§ III. — *La loi Roussel est-elle applicable aux crèches?*

Non, la loi du 23 décembre 1874 n'est pas applicable aux crèches. Elle ne concerne que les enfants placés *à titre permanent* hors du domicile de leurs parents. Elle a en vue l'enfant que, dans une pétition adressée en 1846 à la Chambre des députés et prise alors en considération, M. F. Marbeau, fondateur des crèches, appelait un « orphe-« lin temporaire ».

L'enfant confié à une crèche n'y est laissé que pendant la journée. La mère l'apporte le matin, vient le reprendre le soir et peut s'assurer par elle-même des soins qu'il y reçoit. Elle le garde chez elle la nuit et les jours fériés.

Cet enfant n'est pas un orphelin temporaire; il ne cesse pas d'être sous l'autorité, sous la surveillance immédiate, sous la responsabilité de ses parents.

Aussi, est-ce avec intention que la loi Roussel et le règlement d'administration publique du 27 février 1877, ne mentionnent les crèches dans aucun de leurs articles.

C'est également avec intention que le décret du 2 mai 1897, qui, après avoir été délibéré par le Conseil Supérieur de l'Assistance Publique, est venu réglementer à nouveau les crèches, ne vise même pas la loi du 23 décembre 1874.

C'est ce dernier décret, complété et développé par l'arrêté ministériel du 20 décembre 1897 qui régit les créches et qui indique les prescriptions auxquelles les soumet l'administration pour y sauvegarder la santé des enfants.

Mais, ce qu'on peut dire, c'est que la loi Roussel et les crèches poursuivent un but commun et ont entre elles une connexité évidente.

Aussi depuis que la loi Roussel est mise à exécution une nouvelle impulsion a-t-elle été donnée à la propagande des crèches.

§ IV. — *Quelques mots sur les enfants assistés.*

Les nourrices des enfants assistés sont tenues aux mêmes obligations et doivent réunir les mêmes conditions que les nourrices des autres enfants ; elles sont soumises aux règles de la loi Roussel.

Toute nourrice doit être munie d'un certificat délivré par le maire de sa commune constatant qu'elle est de bonnes vie et mœurs et capable de bien élever l'enfant qui lui est confié. La nourrice reçoit aussi avant son départ le carnet qui doit être établi pour chaque enfant.

C'est par une lettre adressée au préfet de la Seine, le 11 juillet 1878, que le Ministre de l'Intérieur a prescrit que les dispositions de la loi Roussel devaient s'appliquer aux enfants assistés (1).

1. Ainsi cette loi protectrice s'applique non seulement aux enfants placés par leurs parents mais encore aux enfants assistés du département de la Seine, aussi bien qu'à ceux des hospices des autres départements. Les travaux de la Commission qui ont précédé le vote

On peut soutenir à notre avis que les principes généraux de la loi Roussel étaient appliqués dans les services d'enfants assistés bien avant 1874.

En effet depuis de longues années les enfants assistés en bas âge étaient confiés par l'administration de l'Assistance Publique à des nourrices; un sérieux service d'inspection était organisé, chaque enfant recevait la visite fréquente du médecin-inspecteur de la circonscription.

Le décret du 19 janvier 1811, dans l'article 7, dit que « les enfants trouvés nouveau-nés seront mis en nourrice « aussitôt que faire se pourra. Jusque-là ils seront nour- « ris au biberon ou même au moyen de nourrices rési- « dant dans l'établissement. S'ils sont sevrés ou suscep- « tibles de l'être, ils seront également mis en nourrice « ou en sevrage ».

Il y a lieu ici de faire quelques observations sur la façon dont il faut concilier pour la surveillance des nourrissons les règles des services des enfants assistés avec les prescriptions de la loi de 1874.

Nous avons vu qu'aux termes de la loi Roussel, la surveillance des nourrices et des nourrissons était exercée sous l'autorité du préfet, assisté du comité départemental, par des commissions locales, par les maires, par des médecins-inspecteurs et par l'inspecteur des enfants assistés du département.

de la loi ne laissent aucun doute à cet égard. Elle comprend en outre les nourrissons étrangers placés, moyennant salaire, en France, et si M. Théophile Roussel a employé dans son rapport l'expression « nourrissons français », il y a lieu d'observer qu'en édictant cette loi le législateur s'est surtout inspiré de sentiments humanitaires. Cette expression ne peut donc être que le résultat d'une erreur.

Or, la plupart des départements et notamment celui de la Seine, ont un personnel de médecins-inspecteurs exclusivement chargés de la surveillance des pupilles au domicile de la nourrice.

Ajoutons à cela que l'inspecteur départemental et des agents spéciaux ou des comités de patronage sont chargés de visiter périodiquement les enfants.

Cette organisation satisfait aux prescriptions de la loi et ni les commissions locales, ni les médecins-inspecteurs mentionnés dans la loi Roussel, n'ont à contrôler la situation des pupilles de l'assistance départementale.

Cependant, si les maires ou les commissions locales, organisées dans les communes de placement, venaient à apprendre que des pupilles de l'assistance sont mal soignés ou en butte à de mauvais traitements, le maire devrait prévenir immédiatement le préfet et l'agent spécial ; ce dernier inviterait le médecin commissionné à se rendre d'urgence chez la nourrice.

Dans sa lettre du 11 juillet 1878, le Ministre de l'Intérieur exige que les enfants assistés figurent sur les états statistiques des enfants soumis à la protection. A cet effet, les préposés et les médecins des services d'assistance doivent fournir à l'inspecteur des enfants assistés du département où sont envoyés leurs pupilles, tous les renseignements et documents prescrits par le règlement de 1877.

§ V. — *Application de la loi. Résultats de cette application. Statistique.*

Le règlement d'administration publique rendu en exécution de l'article 12 de la loi du 23 décembre 1874, ayant été seulement publié le 27 février 1877, il est facile de se rendre compte de la lenteur avec laquelle ses prescriptions ont été appliquées en France. C'est seulement en 1878 que le service a commencé à fonctionner dans la généralité des départements. L'application dans le département de la Seine remonte au 1er mai 1878.

Aujourd'hui, 22 ans après l'installation des comités, l'établissement des registres, la création des inspectorats médicaux, etc... notre loi dont personne ne méconnaît le caractère éminemment bienfaisant, est-elle régulièrement appliquée dans toutes les communes où il y a des placements d'enfants ?

Nous n'hésitons pas à dire non !

La loi Roussel n'est pas appliquée comme elle devrait l'être ; il en est trop souvent ainsi en France ; nous avons des lois superbes théoriquement mais elles ne sont pas mises en pratique. Dans un bon tiers des départements la loi n'est pas sérieusement appliquée.

En 1885, cinq départements (Ardèche, Corrèze, Ille-et-Vilaine, Orne et Charente) n'avaient encore fait aucune dépense pour l'exécution de la loi.

Disons cependant qu'on s'est acheminé de plus en plus rapidement vers le plein fonctionnement de la loi ; l'élévation progressive des crédits votés annuellement dans ce but par les Conseils généraux en témoigne.

La mortalité infantile a subi une décroissance marquée depuis l'application de la loi.

Dans tous les départements où elle a été sérieusement appliquée, la loi Roussel a donné des résultats très appréciables.

Depuis que la loi a été mise en vigueur la moyenne des décès des nourrissons serait descendue dans le Calvados de plus de 30 0/0 à 6 0/0; dans la Creuse de 17 à 5 0/0; dans le Cher de 28 à 11 0/0.

Voici, pour quelques autres départements, des chiffres, malheureusément incomplets, qui indiquent une amélioration notable :

Départements	Total général des naissances pendant les années postérieures à l'application de la loi		Moyenne pour 0/0 des décès parmi l'ensemble des enfants de 0 à 12 mois Années (1)		Enfants sauvés dans chaque départ.
			Antérieures à l'applic. de la loi	*Postér.* à l'applic. de la loi	
Deux-Sèvres...	5	40.732	14.92	13.17	713
Gers..........	5	23.063	15.06	13.96	254
Gironde.......	6	97.036	18.30	16.42	1824
Lot-et-Garonne	4	20.173	19.64	18.21	288
Marne......	5	51.225	30.16	29.41	384
Morbihan......	3	47.658	17 77	17.21	267
Nièvre........	5	40.312	17.28	16.36	371
Saône-et-Loire.	5	78.411	15.61	14.70	714
Var...........	5	29.057	25.34	19.18	1790
		427.667			6614

1. Il s'agit de tous les enfants de moins d'un an élevés dans la famille ou confiés à des nourrices salariées.

Dans le département de la Seine, le seul pour lequel nous ayons trouvé une statistique régulière, nous relevons les chiffres suivants :

Le nombre des nourrissons protégés s'élevait à 4694 en 1880 (468 décès soit 9.99 0/0) ; à 4817 en 1885 (403 décès soit 8.36 0/0) ; à 4802 en 1890 (380 décès soit 7.91 0/0) ; à 4230 en 1895 (335 décès soit 7.91 0/0).

De 1880 à 1898 il a été protégé 86.789 nourrissons ; 39.555 soit 46 0/0 ont été élevés au sein et 47.234 soit 54 0/0 ont été élevés autrement c'est-à-dire soumis à un mode d'alimentation qui était généralement le biberon.

Jusqu'en 1886 (l'année 1880 exceptée) les enfants élevés au sein ont constitué plus de la 1/2 des nourrissons protégés. Leur nombre a décru depuis lors, d'une façon à peu près ininterrompue et, en 1898, on a constaté que des 4484 enfants placés en nourrice dans le département de la Seine, 1510 seulement soit 1/3 (33.7 0/0) ont bénéficié de l'alimentation naturelle.

Il est malheureusement certain que cette diminution rapide et considérable de l'allaitement au sein constatée chez les enfants placés en nourrice, se produit également chez les enfants élevés dans leur famille. Actuellement une grande quantité de mères adoptent avec empressement l'alimentation artificielle, qui, à première vue, semble devoir leur occasionner moins de dérangements et moins d'ennuis. Or, les statistiques mortuaires sont là pour démontrer quel est le résultat de ce choix. Il serait donc urgent de trouver un remède au grave danger de l'allaitement artificiel qui est une des causes évidentes de la dépopulation du pays.

En 1898, la protection a été exercée dans la Seine à l'égard de 4484 nourrissons ; 114 nourrissons ont été l'objet d'un retrait provoqué par le service d'inspection pour divers motifs dont les principaux sont les suivants : allaitement insuffisant, mauvais soins, logement défectueux, maladie de l'enfant de la nourrice, maladie de la nourrice, intempérance de la nourrice, maladie du nourrisson, refus de vaccination.

Pendant cette année le nombre des nourrissons décédés s'est élevé à 345 ; sur ce chiffre 87 étaient soumis à l'allaitement au sein, 255 à l'allaitement artificiel, et 3 nourrissons étaient sevrés.

L'examen de ces chiffres permet de constater que :

I. — Par rapport au nombre des nourrissons protégés dans chaque mode d'élevage, la mortalité offre les proportions suivantes : 5.76 0/0 pour l'allaitement au sein.

9.49 0/0 — — artificiel.

1.03 0/0 — les enfants sevrés.

II. — Par rapport au nombre total des nourrissons protégés, la mortalité générale de l'année 1898 a été de 7.69 0/0.

En 1898, 12,296 nourrices se sont présentées à la Préfecture de Police pour passer la contre-visite médicale prescrite par l'art. 7 de l'ordonnance du 1er février 1878.

Sur ce nombre 67 nourrices ont été refusées pour défaut de vaccination, certificat médical irrégulier, insuffisance de lait, infirmité physique (surdité), syphilis, trop grande jeunesse de la nourrice (moins de 16 ans).

Les carnets sont refusés également (au moins dans le département de la Seine) *a*) aux nourrices ayant des antécédents judiciaires graves; *b*) lorsque trois précédents nourrissons confiés à une nourrice sont morts; *c*) lorsque la nourrice n'a pas de certificat des parents de son précédent nourrisson.

On exige de la nourrice la production d'un certificat des parents du nourrisson constatant que l'enfant a été rendu « *en bon état* » ; lorsque la nourrice ne peut présenter ce certificat, on est fondé à conclure que les parents, ayant à se plaindre des soins prodigués à leur enfant, ont préféré s'abstenir de donner un certificat plutôt que d'en donner un défavorable.

La loi Roussel est assurément encore loin d'avoir porté tous les fruits qu'en attendait le législateur ; et cependant, malgré son application imparfaite, les progrès obtenus pour la préservation des enfants et pour la vulgarisation de l'hygiène chez les nourrices sont déjà considérables.

Ainsi, dans l'Orne, département où l'industrie nourricière est très prospère et qui reçoit par an 6.000 petits nourrissons parisiens, la mortalité ne dépasserait guère aujourd'hui 10 0/0.

Il y a lieu de remarquer que ces statistiques peuvent n'être pas toutes exactes. En réalité la moyenne des décès est plus élevée et voici pourquoi : un enfant malade est retiré par sa famile ; cet enfant est porté sur le registre du médecin-inspecteur comme retiré, et, s'il vient à mourir dans sa famille, l'administration n'étant pas informée de son décès, il sort par *retrait* et non comme *décédé* du service de la protection.

Les statistiques ne donnent donc souvent qu'une mortalité fictive et non réelle. Cependant, malgré leur défectuosité, ces statistiques montrent surabondamment que la loi Roussel a réduit sensiblement la mortalité du premier âge dans les départements où elle a été appliquée.

Les chiffres proclament l'inestimable bienfait de la loi Roussel que l'on peut bien appeler la loi de la sécurité nationale ; elle a pour conséquence d'arrêter un mouvement inquiétant de dépopulation et de conserver au pays des existences précieuses.

Elle n'est pas seulement une loi humanitaire ; elle est au premier chef une loi d'intérêt patriotique et social, et, à ce titre, elle justifie son utilité, les sacrifices qu'elle réclame, les dévouements auxquels elle fait appel et commande à tous la stricte observation de ses prescriptions.

« La mortalité infantile, écrivait M. Paul Bucquet, dans « un rapport de 1888, suit une marche décroissante. Cet « abaissement de la mortalité ne peut être dû qu'aux « bienfaisants effets de l'œuvre de la protection et l'on « est en droit d'attendre une diminution encore plus sen- « sible du chiffre des décès, de l'application générale et « consciencieuse de la loi Roussel ».

§ VI. — *Critiques qui ont été adressées à la loi. — Modifications qui ont été proposées.*

Nombreuses sont les critiques qui ont été adressées à la loi et au règlement d'administration publique.

En voici les principales :

L'art. I de la loi porte que tout enfant, âgé de moins de 2 ans, placé moyennant salaire, en nourrice, en sevrage ou en garde, hors du domicile de ses parents, devient, par ce fait, l'objet d'une surveillance de l'autorité publique.

On a proposé ici 3 modifications :

1° Appliquer la loi aux *grands parents* élevant leurs petits-enfants.

Faut-il considérer comme une nourrice la grand mère qui élève son petit-fils ou sa petite-fille ? La jurisprudence a varié à ce sujet. La négative est le plus généralement admise aujourd'hui.

Certains disent que les grands parents sont trop souvent imbus de préjugés et n'ont pas toujours les notions suffisantes pour mener à bien l'élevage d'un nouveau-né ; ils prétexteront, il est vrai, qu'ils ont bien été capables d'élever leur propre enfant ; nul n'en disconviendra, mais l'âge n'est plus le même et trop souvent la diminution des forces et l'incapacité des mouvements rendent plus difficiles à accomplir les soins qui doivent être donnés aux nouveau-nés.

D'autre part, si les grands parents prétextent ne pas recevoir de salaire, c'est là une condition qui n'aurait pas une bien grande valeur, puisque, entre parents, la redevance peut être effectuée de toute autre façon.

Les enfants des *filles-mères* se trouvent dans un cas spécial. Le Code civil a établi que la mère de la fille-mère n'est pas la grand-mère de l'enfant de cette fille-mère, de même à différents titres pour tous les parents de cette fille-mère. Ils sont cependant nombreux les cas où ces soi-disant aïeules ont refusé de se munir des certificats nécessaires et du carnet, et c'est chez elles malheureusement que meurent trop fréquemment les enfants illégitimes.

Le Dr Ledé cite le cas suivant : Une femme veuve, avait épousé un veuf ayant une fille ; cette fille eut un enfant et se plaça comme nourrice sur lieu confiant son enfant à la femme de son père laquelle refusa d'être inspectée, prétextant qu'elle était la grand-mère de cet enfant.

Force resta à la loi et il n'y avait pas lieu de s'étonner de l'opposition de cette femme à l'application de la loi, car on ne pouvait supposer plus détestable éleveuse.

2° Faire disparaître la mention « moyennant salaire ».

Ces mots, en soustrayant à la protection les enfants qui sont élevés par une étrangère sans qu'aucune rétribution ait été stipulée (cas assez rare) donnent lieu à des difficultés, parents et nourrices s'entendent parfois pour prétendre, contre toute vraisemblance, qu'aucune rémunération n'est versée pour l'élevage de l'enfant.

Indépendamment de ces cas, où l'intention de fraude est manifeste, il y a les enfants que leurs nourrices continuent à élever, alors même qu'elles ne sont plus payées ; devront-ils également être soustraits à la surveillance de l'administration ?

Non, assurément ; car ces enfants qui sont abandonnés par leurs parents, ont plus besoin encore que d'autres d'être protégés. La protection, dit-on, devrait être obligatoire, dès qu'il y a élevage *hors du domicile du père et de la mère*, qu'il y ait rémunération ou non, que la nourrice soit ou non parente de l'enfant.

3° Surveiller les enfants jusqu'à l'âge de 3 ans, c'est-à-dire jusqu'à l'entrée à l'école maternelle.

Voici une autre critique :

La nourrice a *3 jours* pour aviser le maire de l'arrivée de l'enfant ; le maire a *3 jours* pour en aviser le médecin-inspecteur et ce dernier a un délai de *8 jours* pour visiter l'enfant.

En accordant 3 jours à la nourrice pour faire la décla_ tion d'arrivée de l'enfant, le législateur a voulu tenir compte assurément des différentes circonstances (installation du nourrisson au domicile de l'éleveuse, premiers soins à lui donner) qui pouvaient mettre obstacle à l'accomplissement dans un délai trop limité, de la démarche dont il s'agit.

Ce délai ne saurait donc guère être réduit ; mais, il n'en est pas de même en ce qui concerne celui de 3 jours accordé également au maire pour aviser le médecin-inspecteur, et le délai de 8 jours qu'a ce dernier pour visiter l'enfant. Rien ne s'opposerait à ce que le maire fût obligé d'aviser le médecin-inspecteur le jour même de la déclaration et à ce que celui-ci fût tenu de visiter le nourrisson dans les *5 jours*. Le délai maximum dans lequel un enfant placé en nourrice recevrait la visite du médecin-inspecteur serait ainsi ramené de 14 jours à 8 jours. Cette modification serait très utile, puisque, chaque année, un certain nombre de nourrissons meurent avant d'avoir été visités.

Il serait très désirable et très nécessaire, a-t-on dit,

d'améliorer l'art. 7. du règlement d'administration publique qui autorise le retrait de l'enfant dont la vie ou la santé est compromise.

Cet article est dépourvu de sanction ; il ne prévoit pas le refus de la nourrice de rendre l'enfant, ni le refus des parents de reprendre ce dernier. Or, ces cas sont très fréquents ; il n'est pas rare de voir parents et nourrice s'entendre pour résister aux injonctions qui leur sont faites. A toutes les représentations, à tous les conseils, on oppose la force d'inertie, et pendant ce temps, l'enfant dépérit et meurt.

Nombre de retraits qui auraient été non seulement utiles, avantageux, mais qui étaient absolument indispensables, n'ont pu être effectués par suite de la résistance des parents.

Le service d'inspection est fréquemment resté désarmé en présence des refus qui lui ont été opposés. Les moyens d'action lui faisaient défaut d'ailleurs et, le *principe de l'autorité paternelle* étant en jeu, force était de s'incliner. Mais, une sanction est nécessaire, il faut pouvoir sévir, il faut que les parents et les nourrices qui ne tiendraient pas compte des mises en demeure à eux adressées soient frappés de pénalités spéciales, pouvant être aggravées si l'enfant vient à succomber chez son éleveuse.

On devrait, dit-on aussi, prendre des mesures contre les nourrices qui négligent de prévenir les parents lorsqu'une maladie contagieuse se développe dans leur demeure. Le règlement n'a pas prévu ce cas qu'il y aurait incontestablement lieu de faire figurer au nombre des obligations imposées aux nourrices.

Souvent, en effet, des nourrissons ont succombé à des maladies contagieuses communiquées par l'enfant de l'éleveuse ; or, l'art. 13 ne prévoit la maladie contagieuse que chez le nourrisson et la nourrice, et point dans l'entourage de cette dernière.

Le règlement aurait donc besoin d'être complété sur ce point ; il devrait astreindre les éleveuses à faire, dans l'éventualité dont il s'agit, une déclaration spéciale à la mairie ; celle-ci aviserait immédiatement les parents et le médecin-inspecteur.

Le décret de 1877 prescrit à l'officier de l'état civil qui reçoit une déclaration de naissance de rappeler au déclarant les dispositions de l'art. 7 de la loi ; mais rares sont les maires qui se conforment à cette prescription.

On a proposé pour éviter à l'avenir cette omission de faire insérer dans les formules d'actes de naissance : « Nous avons demandé au déclarant si l'enfant devait « être mis en nourrice hors du domicile des parents. Il « nous a répondu (affirmativement ou négativement). Nous « lui avons alors donné lecture de l'art. 7 de la loi du 23 « décembre 1874. »

De cette façon l'officier de l'état civil serait forcé d'attirer l'attention de la famille sur les déclarations que la loi l'oblige à faire.

C'est parce qu'une mention expresse a été insérée dans les actes de mariage que la loi du 10 juillet 1850, sur la publicité du contrat de mariage, a toujours été très exactement exécutée.

Un moyen pratique serait aussi de faire imprimer les

dispositions de l'art. 7 dans les livrets de famille (cela se fait à Paris), mais ces livrets ne sont en usage que dans les villes d'une certaine importance et,au surplus, le nombre des personnes qui lisent les indications contenues dans le livret est très restreint.

La loi Roussel étant malheureusement ignorée d'un grand nombre de personnes auxquelles elle impose des obligations, il serait indispensable à notre avis de donner une publicité très large aux prescriptions légales et réglementaires auxquelles les nourrices et les parents sont soumis.

Des affiches mentionnant ses dispositions devraient être apposées et renouvelées dans toutes les communes ; un de ces placards serait notamment apposé à la mairie et protégé par un grillage. Ce détail a son importance, car il arrive souvent que les affiches placées dans les conditions ordinaires sont déchirées ou disparaissent sous d'autres placards et il faudrait que dans les mairies une publicité permanente soit donnée à la loi Roussel.

On est frappé de la diminution graduelle du nombre des enfants nourris au sein qui semble menacer d'amener prochainement la supériorité du nombre des enfants nourris au biberon.

Le comité départemental de la protection de l'enfance (Seine), ému d'un pareil danger, a adopté il y a quelques années un projet de vœu proposé par un conseiller municipal de Paris et tendant à la création d'une grande *nourrisserie* dans les environs de la capitale.

Dans cet établissement qui aurait des médecins à demeure et des nourrices spéciales choisies avec le plus grand soin, on enverrait tous les nourrissons protégés par le département de la Seine et tous ceux que les particuliers voudraient y faire élever.

Depuis plus d'un siècle la Russie possède à Moscou une nourrisserie qui recevrait annuellement près de 20.000 enfants. Depuis la création de cet établissement la mortalité aurait diminué de 43 0/0.

Mentionnons ici qu'en 1892 une sage-femme fonda au n° 68 de la rue Pelleport, à Belleville, une pouponnière dite « Pouponnière parisienne ». Cette œuvre a périclité et n'existe plus.

Une autre pouponnière créée par la société maternelle parisienne à Porchefontaine près Versailles (Seine-et-Oise) fut inaugurée le 20 juin 1893.

« Cette pouponnière, dit le règlement de la société ma-
« ternelle, est une crèche interne destinée à recevoir des
« enfants de un jour à deux ans, que les mères ne peu-
« vent allaiter elles-mêmes et qu'elles confient d'ordinai-
« re, loin d'elles, à des nourrices de campagne, difficile-
« ment surveillées et dont l'incurie, est une des causes les
« plus fréquentes de la mortalité dans la première enfance.
« Tandis que les crèches externes, établies dans les villes,
« n'assurent aux enfants qu'une sécurité relative, menacée
« chaque jour par le retour dans la famille et la contagion
« apportée du dehors, la pouponnière ferait l'isolement,
« serait fermée aux maladies infectieuses et offrirait,
« avec le grand air des champs, toutes les savantes amé-
« liorations que la médecine actuelle applique à l'hy-
« giène ».

Une enquête a été faite sur la mortalité des enfants que la pouponnière a pu admettre et sur ceux qui, faute de place, sont restés dans les conditions ordinaires, livrés à tous les hasards de la nourricerie libre. La mortalité aurait été de 6 0/0 dans le premier cas et aurait dépassé dans le second 34 0/0.

On a reproché à la pouponnière de ne pouvoir admettre qu'un nombre très limité d'enfants et d'être d'un prix assez élevé.

En effet la rémunération demandée aux parents varie entre 30 et 40 fr. par mois ; mais il faut remarquer que la société maternelle est obligée d'ajouter à cette somme près de 40 à 50 francs par tête d'enfant et par mois ; ce supplément est prélevé sur les subventions, recettes, dons, etc...

L'œuvre étant de création récente, il serait bon d'attendre qu'elle ait fonctionné durant quelque temps encore pour pouvoir se prononcer définitivement sur son compte.

Il y a quelques années au cours d'une séance du comité départemental, M. Laurent, secrétaire général de la Préfecture de Police, demandait la création d'un « service de constatation à domicile » du sort des nouveau-nés.

Ce service aurait pour mission de vérifier si le nouveau-né est resté dans sa famille ou s'il a été placé en nourrice et, dans ce dernier cas, si les parents ont fait la déclaration prescrite.

Le comité se montra en principe favorable à la création de ce service, mais, jusqu'à ce jour, aucune suite ne semble avoir été donnée à ce projet.

Cn a dit que la lecture au prône, souvent renouvelée, des principaux articles concernant les déclarations exigées des parents et particulièrement des nourrices, produirait un excellent effet, surtout dans les communes rurales. Un essai de cette nature aurait eu lieu, assure-t-on, dans quelques communes du département de la Loire et l'effet en aurait été sensible.

En France (et dans plusieurs pays étrangers) les livrets de mariage contiennent des feuillets portant des instructions de l'Académie de médecine sur les soins à donner aux enfants du premier âge. Cette pratique serait excellente si elle était générale et surtout si les familles consentaient à lire ces conseils.

En Roumanie notamment, le gouvernement imprime à ses frais et répand gratuitement un petit traité populaire sur l'éducation des enfants du premier âge.

A notre avis les conseils d'élevage de l'Académie de médecine devraient être affichés et distribués dans les bureaux de nourrices, les crèches, les salles d'asile, les mairies. De même les conseils contenus dans les livrets de mariage devraient être appris par cœur dans les écoles de filles ; il en resterait assurément quelques saines notions dans l'esprit de la jeune fille et de la jeune mère.

A Bruxelles, toutes les jeunes filles des écoles apprennent théoriquement l'hygiène de l'enfance et on espère bientôt arriver à leur donner un enseignement pratique.

M. Marbeau ne fait pas d'objection à ce qu'on organise dans les classes des leçons d'hygiène sous forme de leçons de choses, en y faisant venir des nourrices accompagnées de leurs nourrissons.

On a proposé aussi d'interdire l'usage du biberon à

tube ; cette interdiction serait à approuver car le nombre des décès causé annuellement par ce biberon est très considérable.

Quelle sanction y a-t-il actuellement à l'emploi de ce biberon ?

Aucune. La loi Roussel, le règlement d'administration publique, les conseils de l'Académie de médecine, tout cela impose une façon de faire spéciale mais logique pour l'élevage des petits enfants.

Que les nourrices s'y conforment ou ne s'y conforment pas, seule la mort de leurs nourrissons, si la preuve peut être faite qu'elle a été causée par incurie des nourrices, entraîne pour elles une peine.

En ce qui concerne le fonctionnement de l'inspection médicale créée par la loi, ce serait à notre avis une bonne chose que de faire visiter les nourrissons par un médecin exclusivement chargé de ce soin, qui ne ferait pas de clientèle locale ; on comprend facilement, en effet, l'intérêt qu'un médecin peut avoir à ménager les nourrices, à ne pas demander le retrait d'un enfant qu'il sait pertinemment être mal soigné, car, procéder ainsi, ce serait souvent perdre la clientèle de la nourrice et de sa famille, etc...

Dans les grands centres ce cas n'est pas à craindre, mais il faut le redouter dans les campagnes.

Pour arriver à un semblable résultat on devrait réorganiser le service d'inspection, diviser par exemple les arrondissements en grandes circonscriptions ; tout cela nécessiterait une augmentation de dépenses.

Aussi ne croyons-nous pas qu'une semblable réforme

puisse avoir actuellement quelques chances d'aboutir.

Quelle conclusion faut-il tirer de l'étude de la loi Roussel ?

On doit admirer l'œuvre accomplie ; l'effort du XIXe siècle en faveur de l'enfance n'a pas été vain. La loi a déjà beaucoup fait pour l'enfant, mais elle a encore beaucoup à faire.

Ainsi la loi Roussel appelle des compléments nécessaires.

Il n'est pas douteux que les privations prolongées ou l'excès de travail pendant la grossesse de la mère exercent une influence désastreuse sur la conformation et la santé de l'enfant et sont une des causes de la mortalité de la première enfance. Le nombre des mort-nés et celui des décès dans les premiers mois après la naissance s'élève à un neuvième à peu près des enfants conçus. On pourrait chercher à atténuer ce mal en assistant et en protégeant plus efficacement la mère pendant sa grossesse.

En Autriche, en Suisse, en Allemagne, la loi réglemente le travail des femmes enceintes, leur interdit certaines industries et réserve un espace de temps qui varie de 6 à 8 semaines, pendant lequel avant et après l'accouchement elles ne peuvent travailler dans les usines.

Il faudrait naturellement, corrélativement à ces prescriptions, organiser des caisses de secours et de prévoyance.

La création d'asiles de convalescence dans les villes, celle d'asiles maternels, peuvent élargir considérablement les bienfaits de la loi.

Nous croyons qu'on peut affirmer que la loi Roussel

est certainement l'une des plus généreuses qui aient été votées par l'Assemblée Nationale, l'une de celles qui font le plus grand honneur au gouvernement républicain ; elle exerce une influence appréciable sur l'élevage des enfants et sur la mortalité ; au total l'expérience pourra faire disparaître certaines formalités inutiles, le fond restera, et beaucoup d'enfants lui devront la vie.

Pour que la loi de protection obtienne partout des éloges mérités, disait M. Théophile Roussel, il faut qu'elle ait reçu les corrections dont près de 25 années d'expériences ont fait connaître la nécessité ; il faut que l'élevage mercenaire ne puisse plus se soustraire à la loi, sous le couvert de la parenté ; il faut que la surveillance protectrice des nourrissons ne s'arrête qu'au seuil du foyer maternel ; il faut qu'une statistique irréprochable permette de mesurer exactement les effets de la loi ; il faut que l'inspection médicale soit largement et solidement organisée partout ; il faut enfin que la loi règne partout et qu'elle soit obligatoire pour tous les départements.

CHAPITRE IV

Sociétés de charité maternelle. — Les crèches et sociétés des crèches. — Les sociétés protectrices de l'enfance. — Leur rôle. — Congrès des sociétés protectrices. — Utilité qu'il y aurait à augmenter le nombre des sociétés protectrices.

La protection des enfants du premier âge n'est pas assurée seulement par la loi Roussel; l'initiative privée avait précédé sa promulgation et elle lui a survécu avec une action parallèle.

Il existe en effet des sociétés dont le but est d'organiser pour les nourrissons placés hors de leur famille une surveillance médicale sérieuse et de propager l'allaitement maternel.

Ces associations apportent le concours de leurs libéralités, de leurs innovations; elles ont même eu parfois l'honneur d'être les premières à mettre en pratique des idées dont les pouvoirs publics étaient heureux de s'emparer plus tard pour en généraliser l'application par une législation spéciale.

On peut même dire, sans diminuer en rien le mérite du promoteur de la loi et du parlement qui l'a votée en 1874, que la loi Roussel a trouvé un guide dans les sociétés protectrices de l'enfance. Il suffit de rappeler, en effet, que 2 de ces sociétés fonctionnaient dès 1866.

Du jour où l'action officielle de l'administration est venue se combiner avec celle des associations particulières, la protection de l'enfance n'a pas cessé de suivre une marche ascendante.

Il existe en France 3 groupes de sociétés de bienfaisance qui ont pour objet principal de protéger l'enfance :

a). — Le premier dans l'ordre chronologique (1788) est celui des *Sociétés de charité maternelle*, à l'origine desquelles se rattache le nom de Marie-Antoinette.

La fondation de la première société de ce genre est due à l'initiative d'un cœur de femme. Madame de Fougeret qui connaissait l'insuffisance et les dangers de l'industrie nourricière malgré toutes les prescriptions édictées depuis 1350 a été l'heureuse créatrice de cette société.

Les sociétés de charité maternelle ont reçu une organisation officielle (1) sans cesser d'appartenir à la charité privée ; elles ont une part régulière aux subventions de l'Etat, et souvent des départements et des municipalités. Elles ont été créées pour éviter aux femmes pauvres les périls de l'accouchement dans les hôpitaux et leur fournir les moyens de nourrir elles-mêmes leurs enfants.

b). — Les *Crèches* et les *Sociétés des crèches* (dont nous nous occuperons dans la deuxième partie de ce travail), viennent après les sociétés de charité maternelle, dans l'ordre chronologique des œuvres de la charité franiase (1844).

c). — Les révélations de la statistique sur l'excessive mortalité des enfants confiés aux nourrices de campagne,

1. Elles sont régies par 4 décrets des 5 mai 1810 ; 25 juillet 1811 ; 2 février et 15 avril 1853, et par une ordonnance royale du 21 octobre 1824.

ont, en montrant l'insuffisance du secours des crèches et des sociétés de charité maternelle, provoqué contre l'allaitement mercenaire et en faveur de l'allaitement maternel un mouvement d'opinion qui s'est fortement prononcé vers 1866 et duquel est née la *Société protectrice de l'enfance de Paris* (autorisée en août 1867; reconnue comme établissement d'utilité publique par décret du 15 Mai 1868), société constituée sous l'impulsion du Dr Alexandre Mayer.

Secondé par les discussions de l'Académie de médecine et par les résultats de l'enquête provoquée par ces discussions, le mouvement s'étendit rapidement. Lyon d'abord (1866), Tours, le Havre, Rouen, Marseille, eurent leurs sociétés protectrices établies sur le plan de celle de Paris.

Toutes ces associations poursuivent, avec des moyens peu différents, le même but indiqué dans les articles suivants de leurs statuts :

I. — Mettre en honneur et propager l'allaitement maternel;

II. — Préserver les enfants des dangers qui les menacent en nourrice loin de leurs familles;

III. — Les protéger contre l'abandon, l'incurie, les mauvais soins, les mauvais traitements;

IV. — Vulgariser les préceptes de l'hygiène physique et morale de l'enfance.

L'impulsion donnée par M. Th. Roussel à tout ce qui intéressait l'enfance, provoqua en France un grand mouvement en faveur de la protection de l'enfance.

Les sociétés protectrices de l'enfance organisèrent des

congrès en 1873 à Paris, en 1874 à Marseille, en 1877 à Rouen.

Le premier congrès d'hygiène et de sauvetage (Bruxelles, 1876) devait aussi mettre à son ordre du jour la protection de l'enfance.

En juin 1883, sous la présidence de M. Bonjean, juge au tribunal de la Seine, se tint à Paris, au palais du Trocadéro, un « congrès international de protection de l'enfance ». La première section, présidée par M. E. Marbeau, s'occupa exclusivement de l'application de la loi Roussel.

Un congrès international de la protection de l'enfance s'est tenu à Bordeaux en 1895.

Ces congrès ont émis de nombreux vœux qu'il serait désirable de voir prendre en considération le jour où l'on opèrera des retouches à la loi Roussel.

Voici quelques-uns de ces vœux :

I. — Le congrès de Bordeaux de 1895 convaincu que le moyen le plus efficace de protéger les enfants du premier âge est encore d'éviter qu'ils ne soient envoyés en nourrice, renouvelle le vœu (déjà émis en 1883) que l'Etat encourage toutes les institutions telles que les sociétés protectrices de l'enfance, les sociétés maternelles, les sociétés des crèches et les crèches elles-mêmes, qui, sous des formes diverses, aident les mères pauvres à conserver auprès d'elles et à allaiter elles-mêmes leurs enfants.

II. — Que des conventions internationales assurent, par voie de réciprocité, la surveillance des nourrissons et le recouvrement des frais de cette surveillance, dans le cas où l'enfant est mis en nourrice en pays étranger.

III. — Le même congrès demandait qu'il fût adopté dans

tous les pays un mode uniforme pour la statistique de la mortalité des enfants du premier âge.

Partout où les sociétés protectrices fonctionnent, partout principalement où elles fonctionnnent de concert avec l'administration et la justice, on constate une diminution notable de la mortalité.

Malheureusement ces sociétés ne sont pas encore assez nombreuses.

Pour faciliter encore l'exécution de la loi, il serait nécessaire de fonder dans chaque canton une société protectrice de l'enfance. On pourrait confier à ces sociétés les fonctions des commissions locales actuelles.

Il faut dire aussi que les sociétés protectrices de l'enfance sont complètement privées et qu'elles tiennent généralement compte dans la distribution des secours, de la religion et de l'état civil des mères. Dans la très grande majorité des villes et des communes, il n'existe pas de société protectrice de l'enfance. Il y a bien presque partout des « sociétés de la Sainte Enfance », mais ces sociétés ne s'occupent pas des petits français ; les petits chinois leur semblent beaucoup plus dignes d'intérêt et c'est à eux, ou plutôt aux missionnaires, *leurs sauveurs*, qu'elles envoient toutes leurs ressources.

La création de sociétés dans chaque canton mérite d'être fondée au point de vue économique, politique, humanitaire et social.

1° Au point de vue *économique* parceque le principal capital de l'Etat c'est la valeur des citoyens (force, intelgence, activité, ordre). La plus grande des économies a été de tout temps la conservation de la vitalité de la nation.

2° Au point de vue *politique* parce qu'à une époque où la suprématie militaire réside en partie dans le nombre des soldats, l'accroissement de la population a une importance aussi grande que la fabrication des engins de guerre ; plus nous aurons d'hommes valides et intelligents, capables de porter les armes, mieux sera assurée la défense nationale. Le recrutement de la population se faisant principalement par les classes laborieuses, l'Etat a donc intérêt à les aider et à les secourir.

3° Au point de vue *humanitaire* et *social*, parce qu'il est du devoir des classes riches et éclairées de donner aux enfants de ceux qui sont moins favorisés, les meilleures conditions de lutte pour l'existence ; parce qu'il est du devoir de l'Etat de contribuer à sauver la vie et la santé des citoyens.

L'enfant du pauvre a, du reste, droit à la vie comme l'enfant du riche ; il a également droit à la protection des lois.

Les sociétés protectrices de l'enfance ont rendu dans le passé et rendront encore dans l'avenir de précieux services, car aucune intervention officielle ne peut égaler l'esprit de charité dont elles sont une des plus belles manifestations.

Aussi, nous ne pouvons que former le vœu de voir tous ces dévouements s'unir pour combattre cette mortalité infantile, plus terrible qu'une guerre ou une épidémie passagère, car son action destructive est de tous les jours et elle s'attache sans merci à la vie nationale pour l'épuiser dans sa source.

CHAPITRE V

Lois protectrices à l'Etranger.

Allemagne. — Ordonnance de police de 1881 pour la Prusse orientale. — Loi du Grand duché de Hesse de 1878. — Duché de Saxe-Altenbourg. — Hongrie, loi XIV de 1876. — Angleterre, le baby farming ; lois des 25 juillet 1872 et 6 août 1897. — Etats Unis d'Amérique, loi de 1892 (Massachusetts). — Mesures prises en vue de diminuer le nombre des aveugles.

L'hygiène infantile préoccupe aujourd'hui tous les esprits qui ont souci de l'avenir de l'humanité.

Dans divers pays des lois ont été votées, des règlements édictés et des services administratifs organisés qui se rapportent à la protection du premier âge.

Pour l'*Allemagne* il n'existe pas de loi commune à tous les Etats ; aussi la surveillance des enfants en bas âge fait-elle l'objet de divers textes.

Une ordonnance ministérielle du 30 juin 1840 imposait en *Prusse* aux personnes désireuses de prendre en pension, contre rétribution, des enfants au-dessous de 4 ans, l'obligation de s'y faire autoriser par la police. Cependant la loi professionnelle pour la Confédération de l'Allemagne du Nord rendue le 21 juin 1869, annula ces dispositions et donna à chacun, de nouveau, le droit de prendre des enfants en pension sans autorisation spéciale.

En 1879 on revint à la situation établie en 1840.

Voici les principales dispositions de l'ordonnance de police rendue pour la Prusse Orientale le 20 janvier 1881, en conformité de la loi d'Empire du 23 juin 1879.

§ 1. — Les personnes qui veulent prendre en pension, contre rétribution, des enfants au-dessous de 6 ans (au-dessous de 4 ans dans d'autres provinces) devront en demander la permission aux autorités locales de police.

§ 2. — Cette autorisation, toujours révocable, n'est donnée qu'aux femmes mariées, veuves ou célibataires que leur caractère et leurs antécédents font juger capables de soigner les enfants, et qui habitent des locaux convenables à cette industrie.

§ 3. — L'autorisation doit être demandée de nouveau avant chaque changement de domicile.

§ 4. — L'autorisation est retirée si le local est jugé défectueux ou si l'enfant subit de mauvais traitements.

§ 5. —Les personnes qui ont formé une demande pour obtenir l'autorisation de prendre des enfants en pension; celles qui, autorisées, ont de ces enfants chez elles, devront en tout temps, accorder l'entrée de leur domicile aux employés du bureau de police ou aux personnes envoyées par lui, répondre à toutes questions concernant leurs pensionnaires, et laisser voir ceux-ci à toute réquisition.

§ 6. — Celui qui prend des enfants est tenu d'en faire la déclaration aux autorités de police locale, comme aussi de déclarer le départ de ces enfants ou leur décès.

§ 7. — Cette déclaration doit contenir les nom de l'enfant, lieu et date de naissance, nom et domicile de ses parents, ou pour les enfants naturels les nom et domicile de la mère et du tuteur.

§ 8. — Toute infraction à ces prescriptions est punie d'une amende pouvant atteindre 30 marks ou d'un emprisonnement correspondant.

En *Bavière* en 1861, à *Dresde* en 1865, parurent des règlements de police soumettant les nourrissons à un contrôle.

La loi du *Grand Duché* de *Hesse*, en date du 10 septembre 1878, « concernant la protection accordée aux enfants de moins de 6 ans confiés à des étrangers » (*Gesetz, der den Schutz der in fremde Verpflegung gegebenen Kinder unter sechs Jahren beträgt*), édicte les dispositions suivantes :

Art. I. — Les enfants au-dessous de 6 ans, qu'ils aient encore leur père et leur mère ou l'un des 2 seulement (ou leur mère s'ils sont de naissance illégitime), ne pourront être mis en pension chez des étrangers, contre rétribution, qu'avec l'autorisation préalable des autorités de police du lieu du domicile de la personne par qui l'enfant est donné en pension.

Art. II. — Cette autorisation sera précédée d'une enquête à l'effet de reconnaître si la personne choisie pour recevoir l'enfant présente des garanties suffisantes pour assurer à l'enfant tous les soins nécessaires. S'il en est autrement l'autorisation sera refusée.

Art. III. — Si un enfant est donné en pension sans qu'il ait été satisfait aux dispositions de l'art. I, ou s'il n'en est pas retiré alors que la loi commanderait de le faire, les parents et les tiers seront condamnés à une amende de 40 à 150 marks qui pourra n'être que de 20 s'il y a des circonstances atténuantes. En ce cas, les autorités de police, auxquelles selon l'art. I il appartient d'accorder ou de refuser l'autorisation, ont le droit de rendre l'enfant à ses parents jusqu'à ce qu'un autre asile ait été trouvé pour lui ou de le mettre provisoirement dans une pension convenable aux frais des parents.

Art. IV. — Les personnes à qui des enfants au-dessous de 6 ans sont donnés en pension contre rétribution sont tenus de se soumettre en tout temps à la surveillance que les autorités de police de leur domicile sont en droit d'exercer sur les soins de toutes sortes reçus par les enfants. Elles devront aussi donner à ce sujet tous les renseignements qui pourront leur être demandés. Si elles se soustrayaient à ces obligations, elles pourraient être condamnées à une amende variant de 40 à 150 marks, sauf le cas de circonstances atténuantes.

Art. V. — Le départ d'enfants âgés de moins de 6 ans pour un autre endroit que celui où ils se trouvent en pension, devra être notifié dans les 24 heures par les parents de l'enfant aux autorités de police du lieu de leur résidence.

Dans ce même délai, les personnes chez qui des enfants étrangers sont mis en pension, devront donner avis de leur arrivée aux autorités de police de leur résidence. Elles devront également donner avis du départ des enfants au cas de retrait temporaire ou définitif en indiquant dans ce cas la nouvelle destination des enfants. En cas de décès il en sera fait déclaration à la police. Les contraventions au présent article seront punies d'une amende de 2 à 30 marks.

Dans le *duché de Saxe-Altenbourg*, quiconque prend en pension un enfant au-dessous de 7 ans, doit en demander la permission aux autorités.

L'autorisation qui est révocable doit être demandée pour chaque enfant.

Personne ne peut avoir plus de 3 pensionnaires en même temps.

En ce qui concerne le royaume de *Saxe*, les mesures à prendre pour la protection de la première enfance ont fait l'objet de règlements divers.

Ces règlements déterminent notamment le nombre de nourrissons que la même personne peut avoir simultanément.

Les enfants placés en nourrice sont inscrits sur un registre spécial mentionnant les nom et prénoms de l'enfant, des parents, lieu de naissance de l'enfant, âge, nom, état et domicile des nourrices, jour de la déclaration d'entrée en nourrice, date et cause du retrait.

La *Belgique* ne possède aucune loi relative aux enfants du premier âge.

A *Bucharest* le conseil municipal a réglementé la surveillance des enfants élevés hors de leur famille ; ce règlement est une ingénieuse imitation de notre loi Roussel.

En *Hongrie*, l'art. 107 du Code pénal des contraventions est ainsi conçu :

« Toute femme qui sachant qu'elle est atteinte de mala-
« die contagieuse ou syphilitique, se place en service com-
« me nourrice, ou qui, après son entrée en service, ayant

« été atteinte d'une maladie contagieuse ou syphilitique « ne révèle pas cette circonstance aussitôt qu'elle l'a con-« nue, sera punie de deux mois d'arrêts au maximum ».

La loi XIV de 1876 « loi sur le règlement du service « sanitaire » constitue pour la Hongrie un véritable code ne comprenant pas moins de 176 articles.

Cette loi se divise en deux parties : la première est intitulée « mesures concernant les affaires sanitaires » ; la seconde, « mesures pour protéger et favoriser la santé »; plusieurs articles y visent la protection de l'enfance.

La personne qui veut recevoir un nourrisson pour l'allaiter ou des petits enfants pour en avoir soin, doit faire une déclaration à l'autorité communale; celle-ci fait examiner l'état de santé de la nourrice et la localité où doit être placé le nourrisson ou le petit enfant ; si cet examen médical est satisfaisant l'autorité communale peut donner l'autorisation ; sinon, elle la refuse et soumet l'affaire à la décision de l'autorité sanitaire compétente en premier ressort. Une femme ne doit pas prendre plus d'un nourrisson à allaiter ; le médecin de la commune, et, s'il n'en existe pas, l'autorité communale, doivent veiller, par des inspections fréquentes, sur la manière dont sont soignés les nourrissons confiés à des nourrices et les petits enfants.

Toute personne autorisée à soigner des enfants ou toute personne qui s'est chargée de ce soin est tenue de recourir à l'assistance d'un médecin en cas de maladie de tout enfant au-dessous de 7 ans. Ceux qui manquent à ce devoir sont passibles d'une amende de 10 florins (maximum) ou de deux jours d'arrêts. Cette amende est proportionnelle au degré de négligence.

La France avait été précédée de peu d'années dans la voie de la protection législative des nourrissons par l'*Angleterre.*

Effrayé des progrès rapides de l'industrie connue sous le nom de « baby farming » (1), le comte de Shaftesbury demandait en 1868 au Président du Conseil des ministres « si l'attention du Gouvernement s'était portée sur cette « industrie et en cas d'affirmative, s'il entendait faire une « enquête sur ce sujet. »

Le duc de Malborough remercia le comte d'avoir soulevé une question d'une si haute importance et promit que le Gouvernement s'occuperait de la question.

La réalisation de cette promesse ne se fit pas trop attendre, puisque, le 25 juillet 1872 une loi en 16 articles «pour la meilleure protection de la vie des enfants » (*an act for the better protection of infant life*) fut votée.

Cette loi était applicable à partir du 1er novembre 1872.

Aux termes de cette loi ; toute personne se chargeant moyennant salaire, de nourrir ou élever plusieurs enfants au-dessous d'un an devait solliciter une autorisation

1. — En Angleterre des industriels se chargent des jeunes enfants usqu'à un certain âge contre une somme fixe une fois donnée; l'intérêt de ces industriels est que l'enfant meure. La somme reçue leur étant acquise, ils n'ont plus à pourvoir aux frais nécessaires à l'entretien de l'enfant. De là nait le manque de soins et quelquefois plus que de la négligence.

accordée, à Londres par le comité des travaux de la métropole (*the metropolitan board of works*); dans la Cité par le conseil général (*common council*); dans les autres villes par le conseil municipal (*Council*) et dans les comtés par les juges de paix.

L'autorisation était refusée lorsque le local paraissait insuffisant ou si la personne voulant recevoir des enfants ne jouissait pas d'une bonne réputation ou était incapable de soigner des enfants.

En cas de décès de l'enfant le *coroner* devait être aussitôt avisé et se transporter sur les lieux aux fins d'enquête sur les causes du décès.

En cas de fraude on pouvait décréter des amendes et pour les offenses sérieuses la détention (maximum 6 mois avec ou sans *hard labour*).

Nous ne nous étendrons pas davantage sur cette loi qui a été entièrement abrogée à partir du 1er janvier 1898 par l'act du 6 août 1897, « *an act to amend the law for the better protection of infant life* ».

La nouvelle loi prévoit deux hypothèses :

I. — L'enfant est au-dessous de 5 ans.

II. — L'enfant est au-dessous de 2 ans.

Cette loi ne s'applique pas :

1° Aux enfants élevés par leurs parents (*relatives*) (1) et tuteurs ;

2° A ceux placés par le *Local Government Board* ou assistés par les hospices, maisons de convalescence et

1. Le terme « *relatives* » comprend les parents, grands parents, oncles, tantes du même sang ou par alliance, et dans le cas d'illégitimité de l'enfant, les personnes qui seraient ses *relatives* s'il était légitime.

institutions établies pour la protection de l'enfance et dirigées de bonne foi vers un but religieux ou charitable (*and conducted in good faith for religious on charitable purpose*).

A. — *En ce qui concerne les enfants au-dessous de* 5 *ans*.

Toute personne gardant ou recevant moyennant salaire ou pension un enfant au-dessous de l'âge de 5 ans, dans le but de le nourrir et de l'élever, hors du domicile des parents, et cela pour une période dépassant 48 heures, doit dans les susdites 48 heures, en donner avis à l'autorité locale.

L'avis indiquera les nom, âge et sexe des enfants; le nom de la personne qui les reçoit, l'indication du local dans lequel ils sont élevés; les nom et adresse des personnes par l'entremise desquelles les enfants ont été placés en garde.

Avis doit être donné à l'autorité du retrait de l'enfant avec indication des nom et adresse de la personne à qui le soin de cet enfant a été confié.

L'omission de la déclaration de retrait ou la fausse déclaration est punie par la loi.

L'autorité locale a le droit de rechercher les individus soumis aux obligations qui précèdent. Elle pourra nommer des inspecteurs ou inspectrices ayant le droit de visiter les enfants et de s'assurer s'ils sont dans un état satisfaisant (*proper maintenance*).

L'autorité a le droit de fixer le nombre des enfants au-dessous de 5 ans qui pourront être élevés ou reçus dans un même local et toute personne élevant ou recevant un enfant en excédent du nombre fixé sera coupable de violation de l'act.

B. — *En ce qui concerne les enfants au-dessous de deux ans.*

Toute personne élevant ou recevant un enfant au-dessous de l'âge de deux ans, moyennant une somme d'argent ne dépassant pas 20 livres, payée comptant, et cela sans autre arrangement pour les paiements ultérieurs (*and without any agreement for further payment*) comme prix des soins et de l'entretien de cet enfant, jusqu'à ce qu'il soit réclamé ou arrivé à un âge lui permettant de se suffire par lui-même, devra, dans les 48 heures de l'arrivée de l'enfant, en aviser l'autorité locale.

Si cet avis n'est pas donné cette personne sera passible de perdre le montant de la somme reçue au sujet de cet enfant, ou telle partie de cette somme à la discrétion de la Cour devant laquelle l'affaire sera portée.

La Cour pourra, si cela est nécessaire, faire transférer cet enfant dans un *workhouse* ou lieu de sûreté (*place of safety*) où il sera maintenu jusqu'à ce qu'il ait pu être autrement disposé de lui légalement (*until it can be otherwise lawfully disposed of*).

Si un enfant au sujet duquel un avis doit être transmis en vertu de l'act est maintenu dans un local mal approprié à cet usage, et cela au point de compromettre sa santé, ou est élevé ou reçu par une personne qui, par suite de négligence, ignorance ou autre cause, est impropre à lui donner ses soins et peut compromettre sa santé, toute personne chargée d'assurer l'exécution de l'act pourra requérir de l'autorité locale un ordre l'autorisant à faire conduire l'enfant dans un *workhouse* ou lieu de sûreté, jusqu'à décision à intervenir.

Le refus d'obéir à un ordre de cette nature est puni. Tout directeur de *workhouse* devra recevoir dans son établissement un enfant qui y sera conduit en vertu d'un tel ordre.

Nul enfant ne pourra être élevé ou reçu moyennant pension ou salaire par une personne à laquelle la garde d'un enfant aura été enlevée en vertu des prescriptions précédentes ou par une personne convaincue d'un délit par application des *acts* destinés à prévenir les actes de cruauté envers les enfants et à assurer leur protection, à moins d'une autorisation écrite émanant de l'autorité locale.

En cas de décès de l'enfant, avis doit être donné au *coroner* dans les 24 heures ; ce dernier procède à une enquête, sauf le cas de production d'un certificat émanant d'un médecin enregistré (*registered medical practitioner*), attestant que le médecin à soigné ou examiné l'enfant et mentionnant les causes du décès.

Les dépenses faites par l'autorité locale, ou en son nom, pour l'exécution de l'act, seront supportées par des taxes locales.

Aux *Etats-Unis d'Amérique,* chaque Etat a sa législation.

Ainsi dans l'Etat de Massachusetts, on a promulgué le 19 mai 1892 (chap. 318), une loi sur l'autorisation et le règlement intérieur des maisons destinées à recevoir des nourrissons (*Boarding houses for infants*).

Aux termes de cette loi :

I. — Nul ne peut tenir une maison de nourrissons sans autorisation du bureau des aliénés et de la charité.

II. — Est réputé tenir une maison de nourrissons, quiconque en raison de gages, salaire ou rémunération, conserve sous sa garde ou sa surveillance, loge, nourrit et entretient un nombre, supérieur à un, d'enfants âgés de moins de deux ans, sans que ceux-ci se trouvent sous les soins du père ou de la mère ou d'un gardien ou soient rattachés au propriétaire de la maison par les liens du sang ou de l'alliance.

III. — La demande en autorisation doit d'abord être approuvée par le bureau d'hygiène de la localité avant d'être portée au bureau de la charité. Les maisons de nourrissons autorisées sont visitées et inspectées tous les ans et aux époques que le bureau juge convenables.

IV. — L'autorisation sera donnée pour *un an*; elle spécifiera le nombre d'enfants qui pourront y être reçus simultanément ; la personne autorisée ne pourra pas recevoir d'enfant dans un endroit autre que dans la maison désignée dans l'acte d'autorisation.

V. — Un registre doit être tenu, mentionnant le nom des enfants, leur date d'entrée, l'adresse des parents, etc....

VI. – La personne qui reçoit un enfant dans une maison de nourrissons ou celle qui le confie, doit dans les 2 jours faire une déclaration circonstanciée au bureau de la charité.

Les législatures de différents Etats ont voté des lois ayant pour but de diminuer le nombre des aveugles.

Ainsi, en Californie, une loi du 17 février 1897 déclare que sous peine d'amende et même de prison, les parents de l'enfant qui a les yeux malades pendant la quinzaine qui suit sa naissance, sont tenus de le faire examiner par un médecin.

D'autres lois, notamment dans l'Etat de New-York (session 1889, chap. 41), punissent d'une amende qui ne peut dépasser 100 dollars ou d'un emprisonnement de 6 mois au maximum, ou de ces deux peines à la fois, la sage-femme ou la nourrice qui, chargée de veiller sur un enfant, n'a pas, dans les 6 heures, fait savoir à la personne compétente que l'un des yeux ou les deux yeux de l'enfant étaient inflammés ou rouges (1).

Ce sont là quelques-unes des nombreuses dispositions législatives concernant l'hygiène que toutes les législations devraient contenir. Elles trouveraient leur place dans un Code d'hygiène générale dont la nécessité s'impose tous les jours de plus en plus.

1. Rappelons à ce propos que l'ophtalmie des nouveau-nés est classée en France au nombre des maladies épidémiques énumérées dans l'arrêté ministériel du 23 novembre 1893 rendu conformément à l'art. 15 de la loi du 30 novembre 1892 sur l'exercice de la médecine, et que des prescriptions spéciales sont édictées dans notre pays afin d'empêcher la propagation de cette affection.

DEUXIÈME PARTIE

CHAPITRE UNIQUE

Des Crèches.

Utilité des crèches. — Définitions. — Premières tentatives : Oberlin; Madame de Pastoret (1801). — Fondation de la première crèche à Paris par F. Marbeau (1844). — Développement des crèches. — Réglementation. — Décret et arrêté ministériel de 1862. — Décret du 2 mai 1897 et arrêté ministériel du 20 décembre 1897. — Les crèches à l'étranger : Allemagne, Autriche-Hongrie, Belgique, Angleterre, Etats-Unis d'Amérique, Suède. — Influence des crèches sur la mortalité du premier âge. — Les crèches en France. — Critiques qui ont été adressées aux crèches. — Le développement des crèches est de nature à enrayer l'abandon des enfants.

Dans la classe travailleuse où la femme comme l'homme se loue hors de chez elle pour un salaire, l'enfant est souvent une gêne aux heures de travail. L'abandonner à lui-même durant toute la journée est impossible ; le confier à des voisines qui souvent sont dans la même situation n'est guère plus praticable. C'est de là que naquirent les crèches.

La création des crèches est une institution essentiellement française et comme un grand nombre d'œuvres utiles aux classes pauvres, la crèche doit sa création à la charité privée.

St-Vincent de Paul est la pierre fondamentale de toutes les institutions qui ont eu pour but la protection de l'enfance.

Il semblerait que tout le zèle et le dévouement qui ont été dépensés depuis cette époque eussent dû depuis longtemps faire disparaître les misères qui portaient atteinte au premier âge et diminuer considérablement la mortalité des jeunes nourrissons, mais il reste encore bien des efforts à tenter pour arriver à réduire le tribut que la mort prélève dans l'âge le plus tendre.

Les crèches, les sociétés protectrices de l'enfance, institutions qui appartiennent à la seconde moitié du XIXe siècle, viennent à leur tour travailler à la réalisation du but que n'ont encore pu atteindre nos devanciers.

La protection de l'enfance est la plus méritoire des œuvres sociales ; une des formes les plus pratiques de cette protection est l'aide apportée à la mère pour la surveillance de l'enfant en bas âge. La mère, certaine que l'enfant ne court aucun risque, qu'il est l'objet de soins maternels, vaque en paix à ses travaux domestiques, ou se livre sans arrière-pensée, sans contre-cœur, à une occupation rémunératrice. La crèche donne à la mère cette faculté.

On appelle *crèches* des lieux où sont recueillis, dans un but charitable, de très jeunes enfants ; ils sont ainsi nommés par allusion à la crèche dans laquelle fut mis Jésus-Christ lorsqu'il vint au monde.

Au XVIIe siècle on appelait *crèche* un grabat installé

à la porte de la cathédrale de Paris ; des religieuses y exposaient quelques enfants trouvés pour obtenir des aumônes destinées à les nourrir.

Dans les hôpitaux et dans les hospices d'enfants assistés on entend par *crèche* la salle affectée aux nourrissons.

De nos jours, l'appellation de *crèche* appartient plus spécialement à des établissements de charité, où les enfants dont les mères sont occupées durant la journée, reçoivent jusqu'à ce qu'ils puissent entrer à l'école maternelle ou jusqu'à ce qu'ils aient accompli leur troisième année, les soins hygiéniques et moraux qu'exige le premier âge.

Telle est la définition légale.

Les crèches, auxiliaires de la maternité, sont en quelque sorte l'antichambre de l'école maternelle.

La définition de la crèche en démontre la nécessité et il n'est pas étonnant que son énoncé seul ait poussé à sa propagation. C'est ce qu'ont bien compris les autorités qui font leur possible pour exciter l'émulation des personnes généreuses et favoriser sous des formes diverses la création et le développement des crèches dont le nombre s'accroît de jour en jour.

Ce n'est pas d'aujourd'hui que des personnes charitables se préoccupent des conditions fâcheuses dans lesquels s'élèvent une multitude de petits enfants et cherchent les moyens de remédier à ce triste état de choses.

L'historique des crèches qui ne demande pas de longs commentaires peut être rappelé en quelques lignes.

Avant l'essai tenté par Mme de Pastoret et la création de la première crèche par M. Firmin Marbeau, il convient de noter la tentative qui fut faite pendant un demi siècle de 1769 à 1826 dans les vallées des Vosges par Frédéric Oberlin qui fonda dans sa maison en 1769 et entretint jusqu'à sa mort survenue en 1826, une garderie d'enfants qui devait plus tard et ailleurs être imitée par parties et s'appeler la *crèche*, *l'asile*, *l'ouvroir*. Oberlin fit de sa maison une véritable « école des mères » où les paysannes apprenaient, par la manière même dont elles voyaient traiter leurs enfants, le régime hygiénique et moral le plus convenable.

Les idées d'Oberlin ne furent pas tout à fait perdues pour le bien des autres régions de la France et des autres peuples ; elles se répandirent dans l'air et germèrent çà et là.

En 1801, une dame charitable, la marquise de Pastoret, dont le nom est étroitement lié à l'histoire de l'assistance de la fin du siècle dernier et du commencement du nôtre, ayant pu apprécier pendant les visites qu'elle faisait comme dame de charité dans les demeures ouvrières, combien était digne de pitié le sort de l'enfant que sa mère doit abandonner pour se livrer à ses travaux, fonda à Paris, dans la rue de Miromesnil une « *salle d'hospitalité* » pour les enfants au-dessous de 15 mois; elle y réunit une douzaine d'enfants à la mamelle que les mères venaient allaiter pendant les intervalles du travail et qu'elles venaient rechercher le soir.

C'était bien là une crèche rudimentaire ; on y trouve le principe de la crèche.

Mais, la bonté même de Mme de Pastoret empêcha l'œuvre de se continuer ou plutôt en amena la transformation, car, comme on n'avait établi aucun règlement pour son fonctionnement et que la fondatrice n'y avait pas fixé de limite d'âge, elle ne put se décider à se séparer de ses petits protégés qui grandissaient, auxquels elle s'était attachée, et qu'on continuait d'apporter là quand ils avaient déjà 3 ou 4 ans ; il se trouva par suite que la crèche prit un autre caractère et que Mme de Pastoret après avoir sans s'en douter inventé les crèches inventa sans le vouloir les salles d'asile.

L'œuvre de Mme de Pastoret ne dura pas, et la salle d'hospitalité disparut bientôt ; l'idée ne fut reprise que bien plus tard.

Cette œuvre en effet tenait le milieu entre la crèche et l'école maternelle.

Mme de Pastoret devança donc M. Firmin Marbeau qui fut le véritable organisateur des crèches en France.

Après 1801 suit une période de 40 ans où il n'est pour ainsi dire pas question des crèches et il faut arriver en 1844 pour voir s'établir définitivement en France cette utile institution, grâce à la persévérance et à la propagande opiniâtre de ce grand philanthrope.

Cette idée lui vint, nous raconte-t-il lui-même dans son petit livre « des crèches », en parcourant les salles d'asile du 1er arrondissement (dont il était maire-adjoint). Il avait remarqué une lacune regrettable entre les sociétés de charité maternelle, qui secourent la mère au moment de ses couches et les salles d'asile qui n'accueillent l'enfant qu'après sa 2e année.

Aussi, le 14 novembre 1844, il fonda à Paris, rue des Jardins, dans le quartier de Chaillot, un établissement pour y remédier; il donna à cet établissement le nom de *crèche*.

Cette première crèche fut ouverte aux enfants depuis 15 jours jusqu'à 3 ans. Les débuts de l'œuvre furent très humbles; 12 berceaux d'osier furent installés dans une petite boutique; le loyer était de 300 fr.; la dépense d'installation et d'ameublement s'éleva à 229 fr. La crèche de Chaillot se substitua le plus exactement possible aux garderies alors en usage; elle fut une garderie perfectionnée. Elle répondait si bien à un besoin populaire que son succès fut rapide et que cette première crèche fut le point de départ d'une institution qui a prospéré à juste titre et qui a rendu de grands services.

L'administration fut tout de suite favorable à cette institution et lui prodigua de nombreux encouragements. Le développement des crêches coïncida avec le développement de la grande industrie et la création de ces innombrables usines ou fabriques qui retiennent tout le jour les travailleurs.

Le développement peut aussi en être attribué aux nombreux encouragements fournis par la presse, par les autorités administratives ou religieuses et par l'Académie française enfin, qui décerna un prix Montyon au petit livre « des crèches ».

A partir de 1845, l'institution alla sans cesse en progressant; dès 1846, en effet, il y avait 11 établissements semblables à Paris, d'où ils se répandirent bientôt dans toutes les grandes villes.

Les crèches restèrent plusieurs années une pure institution de charité privée; c'est là du reste la vraie charité.

L'Etat ne doit point se substituer aux particuliers, mais, lorsque leurs efforts lui semblent utiles, les protéger et leur fournir son aide.

Il n'est cependant pas douteux que l'action de l'administration par l'indication des conditions hygiéniques minima à imposer dans la création des crèches et par sa surveillance attentive est indispensable et que cette action doit être soigneusement prévue par la législation.

Des circulaires du Ministre de l'Intérieur en date des 15 août 1845, 11 mai 1849 et 16 novembre 1852, encouragèrent le développement de ces établissements.

La circulaire du 11 mai 1849, adressée aux préfets s'exprime ainsi :

« Une nouvelle institution charitable vient de prendre « place dans notre système de secours. Elle a comblé la « lacune qui existait entre la société de charité mater- « nelle qui, même avant la naissance de l'enfant s'occupe « de lui donner des soins, et la salle d'asile, qui le reçoit « lorsqu'il est âgé de quelques années.

« Cette institution qui a reçu le nom de crèche, a pour « objet de recevoir le nouveau-né pendant que sa mère « travaille, de le garder et de le soigner sans altérer les « liens de la famille. Les services rendus par les crèches « sont incontestables. Aussi, serait-il vivement à désirer « que cette institution charitable fût adoptée et propagée « non seulement dans toutes les villes, mais encore dans « les communes rurales, où elle rendrait de grands ser- « vices à l'époque où les travaux de la terre réclament « les bras de tous les habitants des campagnes. Au « moment où les conseils municipaux vont se réunir, je

« crois devoir vous engager à appeler leur attention sur « les avantages des crèches, et, à ce sujet signaler à « MM. les maires de votre département le bulletin des « crèches publié sous les auspices de la société des « crèches de France... »

Trois ans après, le 16 novembre 1852, le Gouvernement rappelle cette institution aux municipalités, en les engageant à faire appel à la charité privée : « C'est elle qui « fournira les principales ressources ; c'est elle surtout « qui contribuera à obtenir ces résultats si désirables « que les enfants soient bien soignés dans la crèche et « que les mères ne sortent de ces établissements qu'avec « un sentiment de reconnaissance envers un état social « qui se préoccupe avec sollicitude de leur bien-être ».

Les souverains eux-mêmes s'intéressaient personnellement à la prospérité des crèches.

La nécessité d'une réglementation apparut dès 1862, alors que les crèches existaient depuis une vingtaine d'années et elle s'affirma par le décret qui fut rendu le 26 février 1862 ; ce décret les plaça sous la protection de l'impératrice.

Un arrêté du Ministre de l'Intérieur du 30 juin 1862, détaillant et paraphrasant le susdit décret réglementa ces établissements.

Ce règlement ministériel prescrit que la crèche sera visitée tous les jours par un médecin.

Les crèches étaient divisées en crèches *approuvées* et crèches *libres* ou *privées*.

a). — Les crèches approuvées étaient celles qui avaient soumis leurs statuts et leur règlement à l'approbation du

Ministre de l'Intérieur. Elles étaient tenues de soumettre chaque année leurs comptes au préfet ; elles seules avaient droit aux subventions de l'Etat.

b). — Les crèches *libres* ou *privées* restaient au contraire maîtresses de leurs statuts, de leur règlement et de leurs comptes.

L'hygiène avait préoccupé l'administration dans la rédaction de ces textes.

Une circulaire ministérielle du 3 mars 1883, provoquée par un avis du comité supérieur de protection des enfants du premier âge signala à nouveau les avantages présentés par les crèches.

Enfin, la législation concernant les crèches a été récemment modifiée ; en effet, le décret du 2 mai 1897 a abrogé celui du 26 février 1862 et l'arrêté du Ministre de l'Intérieur du 28 décembre 1897 a rapporté l'arrêté ministériel du 30 juin 1862.

Ces nouveaux décret et arrêté déterminent la situation des crèches et les conditions auxquelles leur création est soumise.

Ces textes entrent également dans les détails d'organisation et prescrivent les mesures d'hygiène les plus minutieuses.

Le décret du 2 mai 1897 exige l'autorisation préfectorale pour l'ouverture d'une crèche ; cette autorisation ne peut être refusée que si les locaux destinés à la crèche ne satisfont pas aux conditions indispensables d'hygiène ou lorsque les personnes qui doivent être préposées à l'établissement ne présentent pas des garanties suffisantes.

L'arrêté préfectoral qui autorise l'ouverture de la crèche fixe le nombre des enfants qui pourront y être réunis. Le droit de faire inspecter les crèches par des délégués appartient au Ministre de l'Intérieur et au préfet. Ce dernier peut ordonner la fermeture provisoire de la crèche s'il juge que par une installation défectueuse ou par défaut de soins uue crèche met en danger la vie ou la santé des enfants. Après 3 mises en demeure de remédier aux défectuosités signalées et sur avis conforme du Conseil départemental d'hygiène, l'autorisation accordée à la crèche est retirée.

Si une épidémie survient dans une crèche, la crèche est fermée soit par les personnes ou les sociétés qui la possèdent, soit d'office par le préfet ; elle n'est rouverte qu'après que le préfet a fait constater qu'elle est désinfectée.

Telles sont les principales dispositions du décret du 2 mai 1897.

L'arrêté du 20 décembre prévoit les dimensions des dortoirs et salles où se tiennent les enfants reçus dans les crèches et les conditions exigées pour l'admission d'un enfant à la crèche.

Les crèches étant exclusivement tenues par des femmes, l'arrêté indique les conditions à remplir pour être directrice et gardienne de crèche.

Dans chaque crèche un médecin a la direction du service hygiénique et médical.

Tandis que l'arrêté de juin 1862 prescrivait que les crèches seraient visitées chaque jour par un médecin, l'arrêté de décembre 1897 ne l'exige plus, car généralement cette prescription restait lettre morte. Ajoutons cependant que rien n'empêche le règlement intérieur de chaque crèche de prévoir une visite médicale quotidienne.

Le représentant de la crèche doit transmettre chaque année au préfet un compte moral de l'œuvre, ainsi qu'un rapport médical.

La création des crèches dans les grandes villes et les agglomérations industrielles a complété pour les enfants du premier âge l'œuvre de protection entreprise par la loi Roussel. Ici, l'initiative privée a la plus grande part, l'Etat n'intervenant que par sa surveillance et ses encouragements sous forme de subventions aux crèches.

Ces institutions qui se sont multipliées au cours de ces dernières années que sont-elles et à quel besoin répondent-elles ?

M. Marbeau lui-même nous l'explique. Pendant la période intermédiaire l'ouvrière ne trouvait aucune institution qui l'aidât à nourrir et à élever elle-même son enfant; les crèches évitent aux mères que leurs travaux journaliers appellent au dehors, la cruelle nécessité de choisir entre la renonciation à un gain souvent indispensable à la famille et l'éloignement par l'envoi de l'enfant au loin en nourrice, ou l'abandon des enfants à eux-mêmes pendant de longues heures, seuls au logis ou sous la surveillance douteuse d'un enfant plus âgé qui, par suite, ne pouvait plus aller à l'école ; elles évitent également aux mères de le confier soit à des voisines, parfois négligentes, qui souvent sont dans la même situation qu'elles, soit de le confier moyennant un prix relativement très lourd à une gardeuse presque toujours trop pauvre et trop peu éclairée pour l'entourer de tous les soins nécessaires.

La mort de l'enfant, des infirmités incurables, et trop souvent l'abandon et l'infanticide étaient les tristes conséquences de cet état de choses.

C'est à ce mal que la crèche vient remédier.

Grâce à l'œuvre des crèches, l'enfant peut attendre sans risques pour sa santé, l'âge auquel il sera admis dans les écoles maternelles et où l'Etat commencera à se préoccuper non seulement de son existence matérielle, mais aussi du développement de son intelligence par l'instruction.

En ce qui concerne les différentes étapes que doit parcourir l'enfance dans son développement, M. Marbeau a formulé un aphorisme aussi pittoresque que juste. « On « *porte*, dit-il, les enfants à la crèche ; on les *conduit* à « l'école maternelle ; on les *envoie* à l'école primaire ».

De plus, la mère qui porte son enfant à la crèche, garderie modèle, contracte par l'exemple de bonnes habitudes d'hygiène et de propreté qu'elle gardera chez elle (1) ; puis, dans les crèches, la bienfaisance offre à l'enfant un local salubre et des soins dévoués moyennant le paiement d'une modique rétribution.

D'après divers auteurs et d'après la société des crèches de Paris , on peut diviser en quatre périodes le chemin parcouru par les crèches depuis leur fondation.

1°) Période de création de 1844 à 1850.

1. M. Malarce définit la crèche. « *L'Ecole professionnelle des mères* ».

2°) Période de stationnement de 1850 à 1870.

3°) Période de déclin de 1870 à 1872 (Guerre et Commune).

4°) Période d'accroissement de 1875 à nos jours.

L'utilité de ces œuvres de soulagement pour les mères et de salut pour les petits enfants est si évidente qu'on a établi des crèches dans presque tous les pays. On peut dire aujourd'hui que tous les pays civilisés comptent des crèches.

L'Allemagne et l'Angleterre notamment, après nous avoir emprunté le mode d'organiser les crèches, ont vu leurs établissements prospérer et dépasser même les nôtres en nombre et en qualité.

Voici un rapide aperçu des crèches à l'étranger :

En *Allemagne* les premières crèches ont été établies notamment à Dresde en 1850, Berlin 1852, Hambourg 1855, Francfort 1857.

Les allemands ont nommé les crèches « jardins d'enfants » (*Kinder-Gärten*) et ils n'ont pas fait erreur, car ce sont bien des jardins où l'enfance s'ébat insoucieuse de l'avenir et avide d'amusements.

En *Autriche-Hongrie* l'institution des crèches a fait plus de progrès que dans l'Allemagne du Nord. En 1848, le Dr Helm fonda la « société centrale des crèches de Vienne ».

En *Hongrie* la loi XV de 1891 sur l'organisation des crèches déclare que l'objet des crèches est de préserver les enfants de *3 à 6 ans* des dangers qu'ils pourraient courir en l'absence de leurs parents, en les gardant et en les entourant de soins, et aussi de leur donner des habitudes d'ordre et de propreté. Aux termes de cette loi, les particuliers ne peuvent fonder de crèche qu'après autorisation préalable.

Dans les localités où il existe une crèche, les parents et tuteurs sont *tenus* d'y envoyer leurs enfants ou pupilles âgés de 3 à 6 ans, à moins d'établir que l'enfant est suffisamment bien gardé et surveillé à leur domicile ou ailleurs.

On enseigne aux enfants à parler, chanter, etc., etc...

Ainsi que cela résulte de ce qui précède, il semble que ce que la loi XV entend par crèches, c'est ce qui correspond chez nous à l'école maternelle.

La *Belgique* est un des pays où l'institution des crèches est le plus prospère ; les crèches y sont soutenues par l'initiative privée. La loi du 1er juillet 1879, dans son article 37, faisait allusion aux crèches. Cet article était ainsi conçu : « Une partie du subside voté annuellement « par la législature pour l'instruction primaire d'une com- « mune a pour destination spéciale d'encourager, princi- « palement dans les cités populeuses et dans les districts « manufacturiers, l'établissement des crèches et l'adjonc- « tion à l'école communale de salles d'asile ou écoles « gardiennes ».

D'après cet article les crèches étaient donc indirectement rattachées aux services de l'enseignement primaire.

La loi du 1er juillet 1879 a été abrogée par celle du 20 septembre 1884 qui ne reproduit pas l'article 37 ; toutefois une circulaire ministérielle du 2 juillet 1886 a décidé que malgré le silence de la loi de 1884, on devait encore considérer les crèches comme institutions d'intérêt communal ; dès lors, la commune a le droit de créer des crèches et d'accepter les libéralités faites pour leur établissement ou leur amélioration.

En 1855, la reine Isabelle d'Espagne créa à *Madrid*, à l'occasion de la naissance de la princesse des Asturies, une crèche-asile pour les enfants des cigarières employées dans les manufactures royales de tabacs.

L'institution des crèches est relativement peu répandue en *Angleterre*. Une enquête faite à Londres en 1872 révéla l'existence dans cette ville de 23 « *public day nurseries* » dans lesquelles les enfants étaient reçus dès le premier âge par le soin de personnes bienfaisantes.

Il existe des crèches à Manchester, à Salford, à Liverpool, à Glascow, etc...

En Angleterre la présence des babies a été l'un des obstacles rencontrés par les « *school boards* » lorsqu'ils ont voulu contraindre à aller à l'école les personnes en âge de s'instruire. Pendant que les parents étaient au travail, il fallait que les aînés gardassent les plus petits et c'est surtout dans le but de les libérer de ce soin que l'on forma les « *day nurseries* ».

Grèce. — Une crèche existe à Athènes depuis 1874.

En *Italie* la plus ancienne crèche a été ouverte à titre d'essai en 1850 ; il y en a à Rome, Bergame, Venise, Bologne, Crémone, Parme et sans doute encore dans d'autres villes.

La plupart des crèches italiennes sont gratuites.

Trois crèches furent fondées à *Amsterdam* en 1871, 1874 et 1875.

Il existe des crèches au *Portugal* depuis 1852 ; en *Suisse* depuis 1870 environ.

La première crèche de *Russie* fut fondée en 1878 à St-Pétersbourg par M. Joseph Schaw pour les ouvrières de sa filature de coton.

Etats-Unis. — Dans presque toutes les villes de l'Etat de New-York il existe des crèches ou « *day nurseries* ». Ces établissements sont très appréciés.

En 1881, à Buffalo, une crèche a été créée par la « *Charity organization society* ».

Il y aurait aux Etats-Unis des crèches à la porte des lavoirs publics. La mère de famille peut y déposer son enfant pendant les 2 ou 3 heures de lavage ; ces crèches seraient nombreuses et très appréciées.

Si nous en croyons le *Bulletin de la société des crèches* (n° 76, octobre 1894), les américains pousseraient très loin l'organisation des crèches. Un journal américain annonce, dit ce bulletin, que « pour permettre aux mères « de famille de venir à son théâtre, un ingénieux directeur « a fait installer à côté du dépôt des cannes et des man- « teaux, un dépôt de bébés. Les enfants y sont confiés, d'a- « près les promesses du programme, à des bonnes ex- « périmentées et vigilantes, qui leur donnent tous les soins « nécessaires pendant le temps de la représentation. Cha- « que enfant en entrant est estampillé d'un numéro dont le « double est remis à la mère. Celle-ci à sa sortie présen- « te le numéro, le confronte avec celui du bébé et rentre « en possession de sa progéniture ».

Il a été créé des crèches jusqu'en *Chine* ; les premières y ont été fondées en 1893, à Hong-Kong et à Pékin.

En *Suède*, la crèche est confondue avec les écoles professionnelles de servantes et de bonnes d'enfants ; il existe en effet dans ce pays des établissements qui ont pour base la crèche et qui pourraient partout rendre de grands services.

On trouve des institutions de ce genre à Stockholm, à Gothenbourg. Elles ont été imitées en Bavière à Nuremberg.

Cette pratique semble excellente, car les filles que l'on emploie aux fonctions de bonnes d'enfants n'ont le plus souvent jamais touché un enfant et ignorent absolument quels sont les soins les plus élémentaires à leur donner. Aussi en Suède et dans d'autres pays étrangers y a-t-il des orphelinats et des maisons spéciales où les jeunes filles sont dressées à soigner les enfants ; elles y apprennent également à devenir bonnes ménagères.

C'est là un enseignement dont la jeune fille devenue femme et mère profitera plus tard pour son propre compte, enseignement dont tant de femmes auraient besoin.

Pour rendre plus vivant et plus pratique l'enseignement donné dans ces écoles professionnelles, à la crèche se trouvent annexées des lessiveries, des cuisines, une boulangerie, etc...

La crèche étant déjà par elle-même une école d'hygiène, l'idée de compléter cet enseignement et de former des berceuses, des bonnes d'enfants expérimentées est un but excellent destiné à se populariser.

Il est intéressant à cette occasion de noter que le Congrès international de protection de l'enfance tenu à Paris en 1883, émit le vœu que les crèches puissent servir d'école pratique pour former des bonnes d'enfants.

La société des crèches de Paris a également depuis longtemps émis le vœu d'expérimenter cet usage qui a donné de si beaux résultats à Stockholm, à Gothenbourg et en général dans toute la Suède.

Rappelons qu'en 1875, peu de mois avant sa mort, le fondateur des crèches avait adressé à l'Assemblée Nationale une pétition demandant une loi destinée à faire suite à la loi du 23 décembre 1874 sur la protection des nourrissons ; cette pétition était ainsi conçue :

« *Art. I.* — Toute commune où plus de 100 femmes « travaillent habituellement hors de leur domicile, pourra « être tenue de fournir un local pour l'établissement d'une « crèche.

« *Art. II.* — Toute usine occupant habituellement plus « de 100 femmes pourra être tenue d'avoir une crèche. »

C'était vouloir poser un principe nouveau dans cette partie du libre domaine de la charité.

Cette pétition ne fut pas prise alors en considération.

Le *Portugal* a eu l'honneur de réaliser ce rêve dans une loi promulguée le 11 avril 1891, destinée à régler le travail des femmes et des enfants dans les manufactures.

Cette loi porte (art. 21) que : « Toute fabrique dans la« quelle travaillent journellement plus de 50 femmes « devra posséder une crèche installée dans les conditions « hygiéniques déterminées par des règlements.... ».

Quelle a été l'influence du régime des crèches sur la mortalité du premier âge ?

La statistique prouve que lorsqu'une crèche est bien établie et bien dirigée, la mortalité descend à un niveau normal c'est-à-dire au niveau que l'on retrouve partout lorsque l'allaitement maternel domine.

A Paris, la mortalité s'est souvent abaissée à 8 0/0. Ce chiffre est encore le plus éloquent des plaidoyers. Il prouve l'influence salutaire d'une crèche bien tenue et les avantages qu'il y aurait à étendre par des combinaisons nouvelles à l'usage de cette partie de la population vouée au petit commerce ou aux diverses industries des grandes villes et qui s'adresse aux nourrices de campagne, les avantages de l'allaitement maternel suivant le système des crèches.

L'hygiène exige plus impérieusement pour l'enfance que pour les autres âges de la vie une habitation salubre; c'est pourquoi la première nécessité pour établir une crèche est d'avoir un local assez spacieux pour assurer à la respiration de chaque enfant un cube d'air suffisant. Malheureusement la cherté des loyers dans les grandes villes a créé des obstacles que les ressources de la charité ont été souvent impuissantes à surmonter.

A quelques unités près on compte aujourd'hui en France 270 crèches. Parmi les villes de province qui en possèdent le plus grand nombre, citons : Tours, 11 ; Bordeaux. 10; Lyon, 9; Marseille, 7; Nantes, 6 et Nancy, 5. L'Algérie compte 7 crèches, la Tunisie et la Guadeloupe en comptent chacune une. On s'applaudit de leur développement qui va devenant plus rapide et pourtant, qu'est-ce que 270 crèches, si on songe qu'en moyenne elles ne contiennent que 30 ou 40 enfants et qu'ainsi il n'y a guère que 11.000 enfants qui puissent y être admis sur une population infantile de 400 à 500.000 bébés.

Ces chiffres prouvent que nous devons faire tous nos efforts pour favoriser le développement de ces établissements appelés à rendre des services à la famille et à la société.

En ce qui concerne les crèches nous n'avons pu obtenir de données exactes que pour Paris et le département de la Seine.

En 1880, Paris comptait 43 crèches ; d'après le rapport sur l'année 1898 adressé par le Préfet de Police au Ministre de l'Intérieur, le département de la Seine comptait, au 1er janvier 1899, 95 crèches dont 62 situées à Paris et 33 dans la banlieue. Des 95 crèches, 60 sont dirigées par un personnel laïque, 35 par un personnel congréganiste.

Les crèches de la Seine peuvent actuellement recevoir à la fois 3.205 enfants ; en 1898, 9.660 enfants ont fréquenté les crèches de Paris, avec un total de 653.838 journées de présence.

La dépense des crèches s'est élevée à 710.230 fr, et le produit de la rétribution maternelle à 81.435 fr. (Il faut noter qu'un certain nombre de crèches, 14 en 1898, reçoivent les enfants gratuitement).

Les chiffres qui précèdent montrent que la dépense annuelle par enfant a été de 64 fr. 56 et la dépense par journée de 0 fr. 95.

La recette annuelle par enfant a été seulement de 10 fr. 06 et la recette par journée de 0 fr.14.

On peut se convaincre par le vu des chiffres ci-dessus que la population ne recourt pas aux crèches avec autant d'empressement qu'on aurait pu le supposer et que ces établissements ne donnent pas l'ensemble des résultats qu'on aurait dû attendre.

Existe-t-il donc des causes de défaveur de la crèche auprès du public ?

On a dit qu'il était fâcheux que le personnel des berceuses, nourrices sèches, etc., employé dans ces établissements ne reçût pas tout d'abord une instruction professionnelle.

Pourquoi n'imiterions-nous pas en France, à Paris par exemple où rien n'est impossible, l'exemple donné par plusieurs pays étrangers, dans lesquels existent et fonctionnent des écoles de bonnes d'enfants, notamment à Stockholm, à Nuremberg, etc..

Ce souhait, comme nous l'avons dit, fut déja exprimé par la société des crèches et renouvelé à maintes reprises dans son « bulletin des crèches. »

Cette société a exprimé également le vœu que dans les crèches voisines des écoles, les jeunes filles des premières classes, soient à tour de rôle appelées à aider les berceuses et à faire ainsi leur apprentissage de mères de famille.

On a voulu savoir pourquoi les crèches ne jouissaient pas d'une plus grande vogue : une enquête a été ouverte ; elle a porté sur divers points dont voici les principaux :

§ *I.* — *Pourquoi la population ne recourt-elle pas davantage aux crèches ?*

A. — Elles ne s'adressent qu'à une partie restreinte de la population travaillant au dehors (ouvrières, journalières, femmes de ménage, marchandes ambulantes...). Beaucoup d'enfants échappent à la crèche (enfants des domestiques, nourrices, employés logés chez leurs patrons.......).

B. — Beaucoup de crèches sont mal situées c'est-à-dire se trouvent loin de centres industriels où travaillent de nombreuses mères de famille.

Il faut bien choisir l'emplacement des crèches ; les établir de préférence dans les centres industriels, à proximité des grands ateliers, des usines importantes, là où des travaux quotidiens, à heures régulières, occupent une population ouvrière féminine considérable.

C. — Créées à l'origine pour favoriser l'allaitement maternel en permettant aux mères de continuer à allaiter leurs enfants tout en travaillant, les crèches ont dégénéré insensiblement et se sont peu à peu transformées en véritables garderies (perfectionnées, il est vrai).

Bien faible, en effet, est le nombre des enfants en bas âge que leurs mères allaitent à la crèche ; presque tous sont élevés au biberon ; et pourquoi ? Parce que, comme il a été dit plus haut, la crèche est souvent trop loin du domicile ou de l'atelier et aussi par suite de la diminution croissante du nombre des enfants nourris au sein.

D). — Beaucoup de mères n'envoient pas leurs enfants à la crèche parce qu'elles craignent qu'ils n'y contractent le germe de maladies contagieuses. Remarquons ici que la visite quotidienne du médecin n'existe pas en principe et que certaines crèches ne présentent pas toujours l'hygiène nécessaire.

Ce mal, un des derniers rapports du Préfet de Police

le constate nettement pour Paris ; il ne peut être que plus grand en province, où la surveillance est bien moins facile. Il faudrait donc assurer aux crèches un service médical quotidien.

E). — Puis, il y a des préjugés ; certaines mères pensent que la rétribution perçue par les crèches est trop minime pour que les enfants y reçoivent de bons soins.

Le séjour à la crèche doit-il être gratuit ? Non, répondent invariablement tous les philanthropes. La crèche doit toujours être payante, si puissante et si riche soit-elle. Pourquoi exige-t-on un paiement ? Pour relever la mère, pour lui inspirer la prévoyance et le respect d'elle-même, pour la pénétrer de cette idée qu'elle doit gagner son pain par le travail et non l'obtenir de l'aumône.

Si la plupart de ces établissements perçoivent une légère rétribution qui est en moyenne de 0 fr. 20 par enfant et par jour (il y a cependant un certain nombre de crèches gratuites) c'est qu'on désire en effet ne pas changer le caractère des crèches, ni les transformer en de simples établissements de bienfaisance où serait faite l'aumône, toujours déplaisante pour ceux qui ne sont pas réduits à la misère.

Un autre préjugé donc consiste à considérer les crèches comme une annexe du bureau de bienfaisance. Alors on s'abstient par amour-propre, pour éviter les critiques des voisins ; on ne veut pas qu'on dise que l'enfant est élevé par charité — et puis, les enfants illégitimes sont impitoyablement exclus de beaucoup de crèches.

A la campagne, parmi les populations rurales, la création des crèches est peu facile; outre que les subventions seraient peu nombreuses, il arriverait souvent que la crèche ferait double emploi avec la salle d'asile; or, créer 2 établissements de ce genre dans un pays dont la population est moindre de 1.000 habitants serait courir le risque de les voir si peu fréquentés tous les deux que le déficit de leur budget serait trop considérable.

. Cette institution est surtout utile dans les villes où la population est plus dense. Or, à part quelques villes industrielles qui en sont dépourvues, le nombre des crèches dans les villes, au dire de certains, serait suffisant, puisque les conseils municipaux, ne demandent pas la création de nouvelles crèches!

§ II. — *La publicité est-elle suffisante?*

En ce qui concerne le département de la Seine, oui d'une manière générale. Il en est bien différemment à Paris. C'est à peine si un écriteau banal signale les crèches au public. La publicité ne nuirait pas aux crèches.

Cette publicité devrait être à la fois permanente et temporaire : *a*). — *temporaire* c'est-à-dire que de temps en temps des affiches seraient apposées dans le quartier et feraient connaître l'emplacement, les conditions d'admission, le mode de fonctionnement, les heures d'ouverture et de fermeture, etc...

b. — *Permanente*, c'est-à-dire qu'à la porte de chaque mairie, de chaque école, à la porte des bureaux de bienfaisance, des hôpitaux, des dispensaires, à la porte des grands ateliers enfin, une affiche permanente devrait indiquer les crèches situées dans l'arrondissement et fournir à leur sujet tous renseignements utiles.

§ III. — *Les crèches restent-elles ouvertes assez tard ?*

Oui, en général. Pour bien faire, il ne devrait pas y avoir d'heures fixées ; les crèches devraient être ouvertes aussi bien à 5 heures du matin qu'à 9 heures du soir ; tout devrait se passer suivant les besoins et les convenances des parents. Mais, un pareil résultat serait difficile à obtenir avec le personnel restreint et surmené des crèches.

Certains auteurs disent que c'est un inconvénient que les crèches ne restent pas ouvertes la nuit, car les femmes, malgré la loi du 2 novembre 1892 qui leur interdit le travail nocturne, sont fort souvent employées jusqu'à des heures tardives.

Puis, les crèches ferment toutes le dimanche, tandis que beaucoup de femmes sont obligées de travailler ce jour là ou, malades, ne peuvent soigner leurs enfants ; aussi, certaines mères préfèrent-elle payer un peu plus cher et mettre l'enfant en nourrice ou le confier à une gardeuse de leur voisinage qui en prendra soin nuit et jour, y compris le dimanche, ce qui permettra à la mère si elle est insouciante, de jouir complètement de sa liberté, ce qui lui assurera dans tous les cas la tranquillité de ses nuits et le repos que son labeur quotidien peut d'ailleurs lui rendre nécessaires.

§ IV. — *La limite d'âge de 3 ans est-elle suffisante ?*

Oui, car, à partir de cet âge les parents peuvent faire admettre les enfants à l'ecole maternelle qui offre l'avantage d'être gratuite.

On comprend bien l'utilité des crèches, lorsqu'on a vu de près dans les centres manufacturiers de l'Angleterre « ces pauvres femmes, qu'un membre du « Parlement (M. Mundella), parlant au Congrès de Sheffield, montrait sortant de leurs maisons à 5 h. du « matin avec leurs maris, pour se rendre au travail et « portant dans leurs bras leurs petits enfants pour les « livrer aux gardeuses qui ont coutume de leur faire « boire un somnifère pour qu'ils se tiennent tranquilles ».

Quand on a rencontré ces réalités, on aime à se réfugier vers l'idéal rêvé par M. Gladstone, et à côté duquel la crèche ne semble plus un mal nécessaire. Et lorsque dans notre milieu social, on voit sur place comme on l'a vu à Paris, dans quelles conditions des milliers de mères, obligées d'aller en journées pour vivre, abandonnaient leurs enfants dans les bouges ou les cloaques appelés des garderies ou des maisons de sevrage, l'œuvre des crèches apparait comme un bienfait assez grand pour assurer une place à son auteur parmi les grands hommes de bien de notre pays.

Comme l'a écrit Lavoisier (1) « en allégeant le sort « des mères de famille dans l'indigence, on attaque la

1. *Traité de la Richesse territoriale de la France.*

« lèpre de la misère dans sa racine. La charité com-
« mence alors à rapporter un intérêt social au profit de
« l'humanité. On dépense une somme moindre, pour en
« économiser une considérable affectée au même individu.
« On rend à la mère toute sa liberté d'action pour devenir
« meilleure et plus utile à sa famille, comme l'abeille à
« qui l'on donne la clef des champs pour rapporter des
« fleurs qu'elle a butinées, un produit plus abondant ».

Etant donnée l'étendue des services que les crèches peuvent rendre, il serait à souhaiter que cette institution allât chaque jour se développant sur des bases de mieux en mieux perfectionnées.

Les crèches ont été, comme institution, l'objet d'attaques injustes. En fait, beaucoup d'entre elles sont encore l'objet de reproches trop fondés; mais, quelque défectueuse que soit assez souvent la pratique, quelque fâcheuse que soit la règle qui exclut trop souvent les enfants naturels, il n'est pas permis d'oublier qu'en donnant aux mères qui travaillent hors de leur domicile le moyen de réserver à leur enfant tout leur lait, de garder avec elles et de soigner cet enfant pendant la nuit et les jours fériés, les crèches sont pour l'enfance pauvre, dans les classes ouvrières, un préservatif contre l'abandon et contre le nourrissage lointain.

En thèse générale, le développement des crèches est de nature à enrayer jusqu'à un certain point l'*abandon*. Il est incontestable en effet, que la crèche présente de très sérieux avantages; elle entretient le sentiment maternel; elle permet à la mère de ne pas abandonner son travail; elle assure une protection à l'enfant et lui procure un élevage presque gratuit, élevage plus sérieux parfois que celui de la mère et souvent entouré de plus de soins. Jointe à l'*Ecole maternelle*, jointe à l'*Ecole primaire*, la crèche constitue l'une des parties d'un ensemble d'institutions qui permet aux mères chargées de famille, d'assurer à leurs enfants le pain quotidien, en ne s'en séparant que pendant les heures consacrées au travail et en les conservant auprès d'elles le reste du temps.

Malheureusement, comme nous l'avons dit, ces avantages ne peuvent favoriser qu'une portion limitée, restreinte, de la population.

En résumé, le développement des crèches préviendra incontestablement des abandons, mais seulement, encore une fois, dans la classe limitée de la population à laquelle s'adressent plus particulièrement ces établissements. Le nombre des abandons ne sera certainement pas diminué dans le restant de la population malheureuse.

La crèche est donc utile :

Elle est utile à l'enfant, à la mère, à toute la famille.

I. — Elle est utile à l'*enfant* parce qu'elle préserve sa santé et qu'elle exerce une heureuse influence sur son esprit et sur son caractère; partout, sans exception, les enfants amenés régulièrement à la crèche se portent mieux que les autres.

Partout où les médecins ont le soin de constater l'état de santé de l'enfant au moment où pour la première fois il est présenté à la crèche, ils remarquent une amélioration après quelques semaines. « Les enfants arrivent « chétifs et malpropres; au bout d'un mois on ne les « reconnaîtrait pas; le changement est merveilleux ».

Telle est la déposition du Dr Syson, médecin de la crèche de Salford, dans la grande enquête parlementaire qui a précédé le vote de la loi de 1872 pour la protection de la vie des enfants en Angleterre (*Infant life protection bill*).

II. — La crèche est utile aux *mères*; elle leur permet de gagner leur vie elles-mêmes, au lieu de l'attendre de l'aumône ; elle les relève à leurs propres yeux, au lieu de les démoraliser.

III. — Enfin, la crèche est utile à la *famille*. L'enfant bien portant est pour les parents une joie et une consolation au lieu d'être une fatigue.

Il faut donc encourager et multiplier les crèches.

Quelles sont les mesures à prendre pour atteindre ce but? Il faut éclairer l'opinion publique; faire connaître les crèches; en expliquer le mécanisme; montrer aux municipalités, aux institutions de bienfaisance, aux grands industriels, les avantages qu'ils pourraient obtenir par la création de ces établissements. Les gouvernements par leurs encouragements, la presse par ses mille voix, auront à cet égard une très grande influence.

Toutefois on ne saurait se montrer trop exigeant vis-à-vis d'œuvres qui sont presque toutes des œuvres de bienfaisance privée, ne se soutenant en grande partie que par les dons de personnes charitables. Ces établissements, eux aussi, ont à lutter contre des difficultés matérielles nombreuses, et si tous n'offrent pas la perfection qui ne peut-être acquise qu'au prix de grands sacrifices, il n'en est aucun qui ne puisse revendiquer à son actif une somme très appréciable de services rendus, un nombre important d'enfants sauvés de l'abandon et conservés à leurs mères (1).

Quoiqu'il en soit, et malgré les défauts de l'œuvre, les petits enfants sont encore mieux là que seuls au logis maternel, sous la garde d'une sœur jeune et inexpérimentée. Grâce à la crèche, la fillette peut fréquenter assidûment l'école et la mère peut travailler tranquille, puisqu'elle sait que l'enfant sera bien gardé à la crèche la plus voisine de son atelier, où elle peut venir l'allaiter pendant les heures de repas.

Sur plus d'un point des perfectionnements seraient donc désirables et en somme faciles. On doit y tendre, car les crèches malgré leurs défauts n'en restent pas moins une *institution excellente* qui fait une utile concurrence à l'industrie nourricière et contribue par suite, concurremment avec la bienfaisante loi Roussel, à diminuer dans une notable proportion les risques de mort qui pesaient auparavant sur l'enfance en bas âge.

1. Ajoutons qu'aujourd'hui par suite des subventions accordées par le Ministre de l'Intérieur sur les fonds du pari mutuel, par les départements, par les communes, et par la société des crèches, on arrive à créer des établissements qui sont de véritables merveilles, au point de vue de l'hygiène et du confort.

CONCLUSION

Nous avons pris comme point de départ de nos développements sur la situation des enfants en nourrice l'ordonnance rendue en 1359 par le roi Jean le Bon ; nous avons suivi les améliorations successives qui furent réalisées jusqu'à la Révolution, époque à laquelle fut supprimée toute l'ancienne réglementation.

Arrivant à l'époque actuelle nous nous sommes efforcé d'exposer de façon aussi complète que possible la législation établie par la loi Roussel.

En terminant ce travail par l'étude des sociétés protectrices de l'enfance et des crèches nous avons voulu montrer quels sont les différents organes qui s'occupent de la protection des enfants du premier âge.

Nous avons vu que le législateur ne pouvait que réglementer et faire surveiller l'industrie des nourrices, mais qu'il ne pouvait imposer aux mères l'obligation de nourrir leurs enfants et nous avons constaté avec regret la diminution de plus en plus rapide du chiffre des enfants élevés au sein non seulement par leurs mères mais même avec l'aide du nourrissage mercenaire.

Nons n'avons pas à disculper notre temps, mais pouvons nous oublier le peu de respect qu'obtenait chez les anciens la vie des nouveau-nés ? Il faut bien avouer toutefois, que dans sa recherche inquiéte de tous les droits humains notre génération n'a pas montré jusqu'ici assez de sollicitude pour les devoirs qui y correspondent, et c'est pourquoi le droit de l'enfant aux soins de sa mère est encore si peu en honneur parmi nous.

Aussi faut-il souhaiter, pour l'instant, la multiplication des œuvres privées qui se donnent pour mission de protéger la première enfance contre l'industrie nourricière qui, en raison de ses conséquences fatales a été dénommée « la traite des petits blancs ».

Nous avons vu que la loi Roussel a fait baisser sensiblement le chiffre des décès et si le mot de ce maire de campagne, « que la population infantile ne semblait naître que pour paver les cimetières de village », n'est plus applicable dans son exacte cruauté à ce qui se passe maintenant, il n'en est pas moins vrai qu'il reste encore beaucoup à faire.

Sauvons les enfants !

De cette croisade entreprise contre la mortalité des enfants en bas âge nous avons le très ferme espoir qu'il sortira d'honorables conquêtes.

Vu : le Président de la thèse,
R. SALEILLES

Vu : le Doyen,
GLASSON

Vu et permis d'imprimer,
Le Vice-recteur de l'Académie de Paris,
GRÉARD

SOURCES

Ordonnance du 30 janvier 1350.

Arrêts du Parlement de 1611.

Lettres-Patentes du 4 février 1615.

Lettres-Patentes du 6 décembre 1655.

Déclaration du 29 janvier 1715.

Déclaration du 1er mars 1727.

Arrêt du Parlement du 19 juin 1737.

Ordonnance de police du 13 février 1740.

id. du 23 juin 1747.

id. du 15 juillet 1747.

id. du 9 mai 1749.

Sentence de la Chambre de police du Châtelet de Paris du 1er juin 1756.

Sentence de police du 17 janvier 1757.

Ordonnance de police du 17 décembre 1762.

Déclaration royale du 24 juillet 1769.

Ordonnance de police du 19 novembre 1773.

Loi du 25 août 1792.

Arrêté du 12 messidor an VIII.

Arrêté du 29 germinal an IX.

Loi du 25 mars 1806.

Décret du 30 juin 1806.

Ordonnance de police du 9 août 1828.

id. du 20 juin 1842.

Loi du 23 décembre 1874.

Décret du 27 février 1877.

Ordonnance de police du 1er février 1878.

Crèches {
Décret du 26 février 1862.
Arrêté ministériel du 30 juin 1862.
Décret du 2 mai 1897.
Arrêté du Ministre de l'Intérieur du 20 décembre 1897.
}

DOCUMENTS PARLEMENTAIRES

Exposé des motifs. Proposition de M. Roussel. *Journal officiel* du 24 mai 1873.

Rapport de M. de Melun. *Journal officiel* du 2 août 1873.

Prise en considération. *Journal officiel* du 9 novembre 1873.

Rapport de M. Roussel. *Journal officiel* des 26 et 27 juillet 1874.

Discussion. *Journal officiel* du 16 décembre 1874.

Adoption. *Journal officiel* du 24 décembre 1874.

BIBLIOGRAPHIE

Auvard, Pingat. — Hygiène infantile ancienne et moderne. Paris. 1889.

Batault (Ch.). — Du placement, de l'entretien et de l'éducation des enfants assistés, Thèse. Paris, 1889.

Berger. — L'enfant devant la loi. Paris, 1887.

Bernis (de). — Protection de la première enfance. Thèse. Aix, 1898.

Bertillon (Dr J.). — Calcul de la mortalité des enfants du premier âge. Paris, 1887.

Bertrand (Dr R.). — Puériculture pratique. Quelques réflexions sur l'élevage des petits enfants à la campagne. Paris, 1897.

Blache (Dr R.). — Hygiène et protection de l'enfance au premier âge. Paris, 1889.

— La protection de l'enfance dans le département de la Seine en 1890 et 1891.

Block et de Pontich. — Administration de la ville de Paris et du département de la Seine. Paris, 1883.

Bodart (A.). — La protection de l'enfance. Tours, 1888.

Bonjean (M.). — Congrès international de la protection de l'enfance. Paris, 1884.

Bonzon (J.). — La législation de l'enfance, 100 ans de lutte sociale (1789-1894). Paris, 1894.

Brueyre (L.). — Les services publics de protection de l'enfance. Paris, 1886.

Coffignon (A.). — L'enfant à Paris. Paris, 1889.

Convers (D^r). — De la protection du premier âge. Besançon, 1892.

Daubin (A.). — Des lois relatives à la protection de l'enfance. Poitiers, 1884.

Defert (L.). — L'enfant et l'adolescent dans la société moderne, Paris, 1897.

Desjardins (A.). — Société protectrice de l'enfance. Discours. Paris, 1897.

Dubois (Jh.). — Etude historique sur la protection de l'enfance. Thèse. Paris, 1888.

Félibien (M.) et Lobineau. — Histoire de la ville de Paris. Paris, 1725.

Garien (V.). — L'enfant. Nice, 1888.

Gérard (G.). — Les institutions protectrices des enfants en bas âge. Thèse. Paris, 1898.

Goguillot (P.-E.). — Les lois protectrices de l'enfance. 1896.

Gouraud (D^r). — Discours. Séance de la société protectrice de l'enfance. Paris, 1893.

Guignard (E.). — De la protection des nouveau-nés. Paris, 1881.

La Flize (D^r). — Enfants assistés et protection des enfants du premier âge. Rapport. Nancy, 1890.

Lallemand (L.). — Histoire des enfants abandonnés et délaissés. Paris, 1885.

Lanio. — La protection de l'enfance par le législateur. Douai, 1890.

Latapie (Dr). — La mortalité des enfants du premier âge et la Loi Roussel. Paris, 1892.

Laurent (Dr **A.**). — Des sociétés protectrices de l'enfance ; de leur but et de leurs moyens d'action. Paris, 1891

Ledé (Dr **F.**). — Etude sur les nourrices sur lieu. 1892.

— — Nourrices et nourrissons en voyage. 1894.

Lenoir (**A.**). — De la protection du premier âge. Paris. 1898.

Le Poittevin (**G.**).— De la protection des enfants du premier âge. Paris, 1884.

Liétard (Dr). — De la mortalité des enfants du premier âge. Rambervillers, 1889.

Malgat (Dr **J.**). — Essai sur l'élevage des enfants en Angleterre. Nice, 1894.

Marbeau (**F.**). — Des crèches. 1844.

Marjolin (Dr). — Etude sur l'état actuel de la protection de l'enfance. Paris, 1891.

Milhaud (**L.**). — De la protection des enfants sans famille. Thèse. Paris, 1896.

Moutier (Dr **A.**). — Histoire de la protection de l'enfance à Rome depuis la fondation de la ville jusqu'à la chute de la République. Paris, 1884.

Napias (Dr **H.**). — De l'organisation des crèches. Rouen, 1897.

Ory (**E.**). — La loi Roussel. Guide manuel de la protection des enfants du premier âge. Lyon, 1887.

— —La protection de l'enfant et de l'adulte. St Etienne, 1883.

Rampal (**A.**). — De la condition de l'enfant, dans le droit public ancien et moderne. Thèse. Aix, 1896.

Reinach (**J.**). — Chambre des Députés. Discours 11 novembre 1890. Question des tours et protection des enfants du premier âge. Paris, 1890.

Rochard (Dr J.). — L'enfant dans les classes laborieuses. Paris, 1888.

Rolland-Chevillon. — L'enfance devant la loi. Marseille, 1893.

Rougier (P.) — L'économie sociale de l'enfance devant le congrès national d'assistance de Lyon en 1894. Paris, 1896.

Roussel (Th.). — Origines de la loi de 1874, son exécution, sa révision. Paris, 1890.

St-Philippe (Dr R.). — De l'assistance infantile. Bordeaux, 1895.

Trigant de Beaumont. — De la conservation des enfants par les crèches et de l'utilité générale de ces institutions. Paris, 1883.

Revues, Répertoires, etc.

Annuaires de la Législation Étrangère.

Bulletin de la société des crèches, années 1876 à 1899.

Block (M.). — Dictionnaire de l'administration française, Paris, 1898.

Code des nourrices, 1781.

Collection officielle des ordonnances de police.

Dalloz. — Répertoire de législation, de doctrine et de jurisprudence.

Delamarre. — Traité de la Police, Paris, 1722.

Duvergier. — Collection complète des lois, décrets, ordonnances, etc.....

Grande Encyclopédie, verbis : enfant, crèche.

Hurtaut-Magny. — Dictionnaire historique de la ville de Paris et de ses environs, Paris, 1779.

Mémoire au Conseil de surveillance sur la suppression de la Direction des nourrices. Administration de l'Assistance Publique, 1875.

Rapports annuels adressés par le Préfet de Police au Ministre de l'Intérieur sur la protection des enfants du premier âge dans le département de la Seine.

Rapport du Congrès d'hygiène de Paris, 1889.

Rapport du Congrès international de la protection de l'enfance, Paris, 1890.

Rapport du Congrès international de la protection de l'enfance, Bordeaux, 1895.

Rapport du Congrès national d'assistance, Lyon, 1894.

Rapport de M. Roussel au Ministre de l'Intérieur. *Journal officiel*, 18 avril 1880.

Revue Générale d'Administration.

TABLE DES MATIÈRES

DEUXIÈME PARTIE

CHAPITRE UNIQUE.

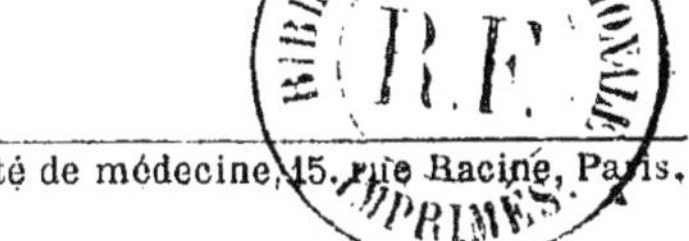

JOUVE et BOYER, impr. de la Faculté de médecine, 15, rue Racine, Paris.

Jouve et Boyer, Imprimeurs, 15, rue Racine, Paris.

www.ingramcontent.com/pod-product-compliance
Ingram Content Group UK Ltd.
Pitfield, Milton Keynes, MK11 3LW, UK
UKHW020955230726
13923UKWH00007B/404